„Werkzeug. Mensch. Geschichte."

„Werkzeug. Mensch. Geschichte."

Führer durch das Deutsche Werkzeugmuseum.
Bearbeitet von Urs Justus Diederichs unter
Mitarbeit von Justus Mannchen.

Herausgeber
Förderkreis Deutsches Werkzeugmuseum e.V.
Vorsitzender Gernot Tödt
Elberfelder Straße 77
42853 Remscheid

Text- und Bildredaktion
Urs Justus Diederichs
Justus Mannchen

Redaktionelle Mitarbeit
Peter Bürger, Jörg Felde, Klaus Holland-Letz,
Ursula Ibler, Winfried Leimgardt, Wilh. Dieter Orth,
Ralph Putsch, Karl-Heinz Ruberg, Dagmar Thiemler,
Horst A. Wessel, Dirk Wüstenhagen

© 2000
Förderkreis Deutsches Werkzeugmuseum e.V.

Bildrechte bei den jeweiligen Bildgebern. Textrechte
Museumstafeln beim Deutschen Werkzeugmuseum/
Historischen Zentrum.

Der Oberbürgermeister. Stadt Remscheid.
Alle Rechte vorbehalten.

Grafisches Konzept

Umschlaggestaltung
Bürger . Albrecht . Partner
Wuppertal

Gestaltung
Bürger . Albrecht . Partner
Wuppertal

Technische Herstellung

J.F. Zlegler KG
Druckerei und Verlag
Remscheid, RGA-Druck

ISBN 3-923495-59-5

Printed in Germany

Wir weisen darauf hin, dass der Abschnitt „Gang
durch das Museum" noch in der alten deutschen
Rechtschreibung gehalten ist.

Inhalt

Einführung

Grußwort Fred Schulz, Oberbürgermeister der Stadt Remscheid	Seite 4
Zum Geleit Gernot Tödt, Vorsitzender des Förderkreises Deutsches Werkzeugmuseum e.V.	Seite 5
Die fachliche Konzeption für das Deutsche Werkzeugmuseum Urs Justus Diederichs, Direktor des Deutschen Werkzeugmuseums	Seite 6
Museums- und Gestaltungskonzept Peter Bürger, Bürger.Albrecht.Partner, Corporate Design	Seite 10
Das Deutsche Werkzeugmuseum und seine Ausstellungseinheiten im Überblick	Seite 14
Donatoren	Seite 16

Gang durch das Museum

Werkzeug im Wandel: Stein, Bronze, Eisen, Stahl	Seite 18
Werkzeughandel	Seite 28
Werkzeugform – Werkzeugfunktion	Seite 36
Zentren der deutschen Werkzeugindustrie	Seite 46
Feilenhauerei	Seite 54
Kleinindustrielle Fertigung	Seite 62
Industrielle Werkzeugfertigung	Seite 74
Moderne Werkzeuge – Moderne Fertigung	Seite 94

Anhang

Anfahrtsskizze	Seite 105
Literaturangaben	Seite 106
Bildquellennachweis	Seite 108
Dank an Institutionen für fachliche Hilfe	Seite 112
Spenderliste	Seite 113

Grußwort

Fortschritt und Innovation haben in unserer Stadt eine lange Tradition. Schon im Mittelalter zeichneten sich die Bergischen als fleißige und geschickte Handwerker aus. Zunächst waren es bäuerliche Werkzeuge wie Hacken, Sicheln und Sensen, mit denen ein reger Handel betrieben wurde. Später kamen Sägen, Feilen und Winden hinzu. Besonders begehrt war der Raffinierstahl.

Im Jahre 1759 gab es schon mehr als 30 spezielle Herstellergruppen, die nahezu 400 Artikel produzierten. 50 Jahre später waren es bereits 4.000 Erzeugnisse aus Eisen und Stahl.

Der bergische Raum hat sich zu einem der größten zusammenhängenden eisenverarbeitenden Gebiete des deutschen Kulturraumes entwickelt.

Das seit 1967 bestehende Deutsche Werkzeugmuseum beherbergt eine umfangreiche Sammlung von Werkzeugen aus verschiedenen Jahrhunderten und ganz Mitteleuropa.
Bereits seit den 20er Jahren wird alles gesammelt, was technologisch, kulturgeschichtlich, volkskundlich oder ethnologisch von Wichtigkeit ist. Vom Faustkeil über die elektrische Handbohrmaschine bis hin zu Sonderwerkzeugen und zum ersten Lichtbogen-Schmelzofen reicht die umfangreiche Präsentation.

Im Jahre 1996 konnte das Deutsche Werkzeugmuseum in einen Neubau umziehen, dessen Verbindung zur Industriearchitektur der Vergangenheit sehr deutlich ist.
Nachdem der Innenausbau und die Präsentation der Sammlung nach modernsten museumsdidaktischen Gesichtspunkten vollendet waren, wurde das Museum 1998 seiner Bestimmung übergeben.
Mit Fug und Recht kann behauptet werden, dass unser Deutsches Werkzeugmuseum vorbildlich und in Art, Ausstattung und Präsentation weit und breit einmalig ist.

Dass das möglich wurde, ist in entscheidendem Maße dem Förderkreis Deutsches Werkzeugmuseum e.V. und hier insbesondere Herrn Assessor Gernot Tödt zu verdanken.

Der Förderkreis mahnte nicht nur über viele Jahre den Neubau des Museums an, mit der Hilfe zahlreicher Spender brachte er auch erhebliche Summen für die Innenausstattung zusammen. Ohne den Förderverein hätten wir das Museum vorerst nicht eröffnen können.

Aber nicht nur für die Innenausstattung des Deutschen Werkzeugmuseums sind wir dem Förderkreis zu Dank verpflichtet. Dieser aufwendig gestaltete Museumsführer, dessen fachlicher Inhalt durch ein engagiertes Museumsteam erarbeitet wurde, kann nun dank der hervorragenden Arbeit des Förderkreises veröffentlicht werden. Damit wird das Museum wirkungsvoll nach außen präsentiert. Auch hierfür haben wir dem Förderkreis zu danken.

Foto: V. Tietze

Fred Schulz
Oberbürgermeister
der Stadt Remscheid

Zum Geleit

Liebe Besucherinnen und Besucher des Museums, liebe Leserinnen und Leser!

Am 31. Oktober 1998 konnte das Deutsche Werkzeugmuseum nach Abschluss aller Arbeiten, einschließlich des kompletten Innenausbaus, schöner denn je wieder eröffnet werden. An diesem Ereignis hat der Förderkreis Deutsches Werkzeugmuseum einen ganz wesentlichen Anteil. Über viele Jahre hinweg hat er gemahnt, die alten Gebäude durch einen Neubau zu ersetzen und dann das Museum neu zu gestalten. Die Finanzierung des Innenausbaus hat er mit Hilfe vieler Freunde und Förderer sichergestellt, in enger Abstimmung mit der Museumsleitung die richtigen Fachleute mit den notwendigen Arbeiten beauftragt und den Ausbau durchgeführt.

So ist ein sehr modernes Museum entstanden, das in der deutschen Museumslandschaft einen besonderen Platz einnimmt. Es präsentiert das spröde Thema Werkzeug in einer interessanten und einprägsamen Weise, ohne dabei belehrend zu wirken. Gleichzeitig macht es neugierig auf das Dargebotene. Dies ist auch der Eindruck aller bisherigen Besucher des Museums, deren Zahl von Monat zu Monat steigt.

Nun ist es an der Zeit, das Angebot des Museums zu vervollständigen. Aus diesem Grunde hat sich der Förderkreis entschlossen, einen Führer durch das Museum herauszugeben, dessen fachlicher Inhalt vom Museumsteam erarbeitet und der von dem für den Innenausbau verantwortlichen Designerteam gestaltet worden ist. So steht nicht nur ein Wegweiser für den Museumsbesuch zur Verfügung, sondern ganz allgemein ein Nachschlagewerk über die Geschichte des Werkzeuges, welches auch die Interessenten informieren kann, die das Museum noch nicht besucht haben.

Der Förderkreis wünscht allen viel Freude bei dieser besonderen Lektüre und hofft auch in Zukunft auf ein steigendes Interesse an dem Thema. Dem Museum selbst wünscht er weiterhin erfolgreiche Arbeit und viele Besucherinnen und Besucher.

Assessor Gernot Tödt
Vorsitzender des Förderkreises Deutsches Werkzeugmuseum e.V.

Die fachliche Konzeption für das Deutsche Werkzeugmuseum

Die Ausgangslage

1995 wurde das neue Gebäude für das (seit 1967 bestehende) Werkzeugmuseum im Rohbau fertig. Nun konnte ein umfangreiches museumsfachliches Konzept bis in alle räumlichen Details durchgeplant werden. Hilfreich waren dafür verschiedene Leitlinien, die bereits 1990 vom Museum formuliert und von den Gremien der Selbstverwaltung beschlossen worden waren: So sollte das neue Deutsche Werkzeugmuseum schwerpunktmäßig die Geschichte des Werkzeugs in Mitteleuropa darstellen, und zwar in Bezug auf dessen Herstellung, Anwendung, Handel und Vertrieb. Die Geschichte des Werkzeugs sollte darüber hinaus in technologischer, wirtschaftlicher und sozialer Hinsicht gezeigt werden.

Als der Autor 1995 die Leitung des Deutschen Werkzeugmuseums / Historischen Zentrums übernahm, war eine differenzierte Situation festzustellen. Positiv konnte vermerkt werden, dass der Objektbestand an Exponaten weitgehend gut war. Das heißt, es lag eine umfangreiche Magazinsammlung historischer Werkzeuge vor, wobei einige Lücken bei bestimmten Werkzeuggruppen (Werkzeuge des Altertums, Werkzeuge des frühen Mittelalters, Elektrowerkzeuge und Maschinenwerkzeuge aus der Zeit nach 1970) gegeben waren. Zu der Sammlung gab es fachliche Vorarbeiten, so etwa des früheren Museumsdirektors Dr. Erich Lindemann oder einzelner Wissenschaftler, die per Werkvertrag mit Recherchen zu speziellen Themen betraut waren, wie zum Beispiel Dr. Ursula Ibler, Bonn (Thema: Vorgeschichte) und Dagmar Thiemler M. A., Solingen (Themen: Schmalkalden, Esslingen, Feilen). Wichtige Anregungen zum Gesamtkonzept brachte auch Dr. Hartmut John ein. Positiv war auch, dass das neu erbaute Werkzeugmuseumsgebäude mehr Museumsexponate aufnehmen konnte.

Als negativ erwies sich, dass seitens der Stadt Remscheid kaum mehr Geldmittel für eine Inneneinrichtung des Museums und damit für eine Umsetzung der Konzeption zur Verfügung standen, ein Problem, das nur durch das großartige Engagement des Förderkreises Deutsches Werkzeugmuseum e.V. gelöst werden konnte. Schwierig war auch, dass der bisherige Innenarchitekt durch andere Arbeiten stark gebunden war und in einvernehmlicher Absprache ein neues Museumsdesignerteam gesucht werden musste. Problematisch war ferner, dass das bisherige Deutsche Werkzeugmuseum als übergreifendes Fachmuseum seinem Auftrag insofern nicht ganz gerecht wurde, als es zum einen zu stark von der Präsentation von Handwerkzeugen geprägt war (also Werkzeuggruppen wie Elektrowerkzeuge und Maschinenwerkzeuge außer Acht ließ), ferner sich zu stark auf Remscheid bezog (folglich andere Werkzeugstandorte wie z.B. Schmalkalden ausklammerte) und stark (außer in dem Sonderbereich, der die Stahlerzeugung zum Thema hatte) auf handwerkliche Verfahren der Vorindustriezeit abhob.

> „Wer gute Arbeit leisten will, schärfe zuerst das Werkzeug."
>
> Chinesisches Sprichwort

Das neue Museumskonzept

Das ab 1995 entwickelte Museumsfeinkonzept versuchte diese Defizite auszugleichen, in dem insbesondere alle Werkzeuggruppen vertreten sein, auch andere Werkzeugstandorte in Deutschland präsentiert werden und auch Entwicklungen der Industriezeit mit ihren Auswirkungen in Gegenwart und Zukunft im Museum berücksichtigt werden sollten.

Generelle Grundlage war, dass das Museum sich einerseits an technische und historische Laien richten sollte (dieser Personenkreis macht über 80 % der Besucher/innen des Museums aus), andererseits aber auch Experten/innen in Einzelbereichen neue Aspekte bieten sollte. Ferner sollte das neue Museum ein Museum zum Anfassen sein, in dem möglichst viel durch die Besucher/innen ausprobiert werden sollte.

Bei einer fachlichen Konzeption war die innere Raumaufteilung des Museumsgebäudes natürlich zu berücksichtigen. Eine Museumskonzeption ist nicht mit einem Handbuch zu vergleichen, in dem die einzelnen thematischen Aspekte sachlich-logisch abgehandelt werden können. Eine Museumsschausammlung muss sich immer auf den vorhandenen Raum, also das Museumsgebäude, beziehen und mit dessen Gegebenheiten harmonieren. Auch wenn das neue Museumsgebäude erweitert worden war, war der Platz mit knapp über 1000 m² Dauerausstellungsfläche weiterhin beschränkt. Gerade weil so viele Aspekte der Werkzeuggeschichte gezeigt werden sollten, wie die 1990 beschlossenen, bereits erwähnten Leitlinien vorgaben, musste erheblich ausgewählt und auf vieles Interessante verzichtet werden. Wichtige Sachverhalte waren an Beispielen zu verdeutlichen, chronologische Entwicklungen an „Zeitinseln" festzumachen. Während in einer Ausstellungseinheit mehr sozialgeschichtliche Aspekte im Vordergrund stehen, sind es in einer anderen mehr technikgeschichtliche, in einer weiteren wirtschaftsgeschichtliche Themen. In einer Ausstellungseinheit mag ein bestimmtes Werkzeug (z. B. die Feile) dargestellt werden, in einer anderen Einheit zu einem anderen Aspekt ein anderes (z. B. der Schraubenschlüssel). Manches Thema wird in Verbindung mit einem bestimmten Werkzeugstandort dargestellt, ein anderes in Verbindung mit einem anderen Ort. Nur durch solches beispielhaftes Auswählen war es möglich, auf der vorhandenen Grundfläche eine breite Palette verschiedener Themen zu berücksichtigen.

Als bestimmend für ein Museumskonzept erwies sich auch die Lage der öffentlichen Begegnungsstätte und der Einbau einer historischen Dampfmaschine an zentraler Stelle nahe dem Eingangsbereich. Durch die Lage der öffentlichen Begegnungsstätte war es nicht möglich, in der Schausammlung die Vorindustriezeit bereits im Erdgeschoss zu präsentieren, dann auf einer Raumebene mit der Dampfmaschine (Industrialisierung) fortzuschreiten und von dort weiter in das Fabrikzeitalter bzw. die moderne Werkzeugfertigung zu gehen. Der Rundgang durch das Museum, wenn man denn der Chronologie folgen will, beginnt jetzt im Obergeschoss.

Die Ausstellungseinheiten der ständigen Schausammlung

Ausgehend von den vorgenannten Überlegungen wurden neben dem Foyer (mit ersten Informationen zum Werkzeugmuseum) acht Ausstellungseinheiten gebildet, die sich auf zwei Raumebenen, Obergeschoss und Erdgeschoss, verteilen.

Im Obergeschoss befindet sich die erste Ausstellungseinheit (A 1) „Werkzeug im Wandel: Stein, Bronze, Eisen, Stahl". Diese Abteilung versucht auf Grundlage von wichtigen Materialien, aus denen Werkzeuge zu bestimmten Zeiten hergestellt worden sind, einen kühnen chronologischen Durchgang durch die Jahrtausende von der Vorzeit bis etwa um 1800, ohne einzelne Werkzeugaspekte vertiefen zu können. Es galt, in einem optisch sehr schwierigen Raum weitgehend sehr kleinteilige und verschieden dichte Exponatreihen zu präsentieren. Ausgehend von mehreren „Zeitinseln", d.h. Exponatgruppen und Inszenierungen, fällt der Blick des Besuchers bzw. der Besucherin etwa auf Steinzeit-Faustkeile, auf den Arbeitsplatz eines Bronzegießers, auf römisches Werkzeug der frühen Kaiserzeit oder eine Bohrerschmiede des 19. Jahrhunderts. Die zweite Ausstellungseinheit im Obergeschoss (A2) „Werkzeughandel" beschäftigt sich mit dem Werkzeughandel vom Spätmittelalter bis zum 20. Jahrhundert, wobei ein Schwerpunkt auf der Tätigkeit großer Remscheider Exporthandelshäuser im ausgehenden 18. und 19. Jahrhundert liegt. Darauf weisen eine Weltkarte mit der Angabe von Handelsniederlassungen in Amerika und die Wetterfahne eines Werkzeugkaufleutehauses hin (sie zeigt ein Handelsschiff). Durch das Fenster fällt der Blick auf ein benachbartes repräsentatives Wohnhaus aus dem 18. Jahrhundert, das Werkzeugkaufleute erbauen ließen und das als Haus Cleff heute ebenfalls musealen und archivarischen Zwecken dient (es gehört in den Verbund des Historischen Zentrums). Produktinformation und Produktwerbung wird am Beispiel von handgemalten Werkzeugkatalogen des frühen 19. Jahrhunderts, gedruckten Werkzeugkatalogen und Werkzeugkatalogpräsentationen im Internet bzw. auf CD-ROM dargestellt. Exportkisten aus der zweiten Hälfte des 20. Jahrhunderts dokumentieren den noch heute weltweiten Export von deutschen Werkzeugen.

Die dritte Ausstellungseinheit (A 3) „Werkzeugform – Werkzeugfunktion", ebenfalls im Obergeschoss befindlich, versucht aufzuzeigen, dass jedes Werkzeug eine bestimmte Form haben muss, die zwar durch seine Funktion geprägt ist, trotzdem aber im Laufe der Jahrhunderte eine verschiedene Ausprägung erfährt. So wird zu Beginn der Ausstellungseinheit „schönes altes Werkzeug" aus dem 16. bis 19. Jahrhundert präsentiert, das sich durch Dekor und Verzierungen auszeichnet. Es folgen Berufs- und Werkzeugdarstellungen aus dem 19. Jahrhundert in Form der so genannten „Esslinger Bögen". Daran schließen sich Informationen und Exponate zum Thema „Werkzeugergonomie" aus heutiger Zeit an, da ergonomische Erwägungen die Form des Werkzeuges stark beeinflussen. Neben dem Handwerkzeug wird hier auch das Elektrowerkzeug, insbesondere in Bezug auf die Entwicklung der Elektrobohrhämmer, angesprochen. Damit ist der Gang durch das Obergeschoss abgeschlossen.

Im Erdgeschoss folgt nun die Ausstellungseinheit (A 4) „Zentren der deutschen Werkzeugindustrie". Eine Deutschlandkarte zeigt klassische Zentren der Werkzeugindustrie. Obwohl sich Werkzeugfertigung in vielen Teilen Deutschlands findet, gibt es doch Konzentrationen im Raum Schmalkalden (seit dem Mittelalter), in Remscheid und im Bergischen Land (ebenfalls seit dem Mittelalter und der frühen Neuzeit) und im süddeutschen Raum um Stuttgart (insbesondere seit dem 19. Jahrhundert). Als ein Beispiel für den süddeutschen Raum wurde die Stadt Esslingen ausgewählt. In Text- und Bildinformationen und konzentrierten Exponaten werden die Zentren vorgestellt. In die Abteilung integriert ist eine Videoeinheit, die von der Besucherin/dem Besucher per Berührung bedient werden kann und die in drei Sprachen eine

Kurzinformation über das Deutsche Werkzeugmuseum und seine Ausstellungseinheiten gibt.

Es folgt die Ausstellungseinheit (A 5) „Feilenhauerei". Am Beispiel der Herstellung dieses Werkzeuges wird verdeutlicht, dass jedes Werkzeug in einer Vielzahl von Arbeitsschritten entsteht. Dabei wurde im Zuge der Industrialisierung versucht, jeden Arbeitsschritt zu mechanisieren, das heißt, Handarbeit durch Maschinenarbeit zu ersetzen. Ein Arbeitsschritt bei der Herstellung der Feile ist das sogenannte Hauen, bei dem der Feilenrohling die notwendigen Grade bzw. Hiebmuster erhielt. Der Arbeitsschritt des Hauens erwies sich gegenüber einer Mechanisierung als besonders schwer zugänglich. Noch im ausgehenden 19. Jahrhundert war die Arbeit der Handhauer den Feilenhaumaschinen gegenüber qualitativ überlegen. Erst im 20. Jahrhundert setzten sich dann in Deutschland die Feilenhaumaschinen durch. Am Beispiel dieses Mechanisierungsprozesses werden auch die sozialen Auswirkungen für die Feilenhauer und die Feilenhauarbeit gezeigt: Die Feilenhauer verloren ihre Selbstständigkeit und mussten in die Fabrik gehen. Das maschinelle Feilenhauen wird zum Teil Frauenarbeit, Facharbeit wird durch ungelernte bzw. angelernte Arbeit ersetzt.

In enger Zusammenarbeit mit der Feilenhauerei steht die Ausstellungseinheit (A 6) „Kleinindustrielle Fertigung". Hier steht das Thema „Werkzeugmaschinen und Maschinenwerkzeuge des 19. Jahrhunderts" im Vordergrund. Die Konstruktion von Werkzeugmaschinen, unabhängig ob sie per Hand, mit Wasser oder per Dampfkraft angetrieben wurden, veränderte das Werkzeug erheblich. Das Werkzeug und/oder das Werkstück wurden nun von der Maschine geführt, wobei die Steuerung der Maschine durch den Facharbeiter (also noch nicht den Computer) erfolgte. Dies wird an ausgewählten Werkzeugmaschinen, unter anderem an einer Drehbank, anschaulich gemacht. Räumlich gehört zu dieser Ausstellungseinheit auch eine 1907 hergestellte Dampfmaschine aus einer ehemaligen Werkzeugfabrik bzw. einem eisenverarbeitenden Betrieb, die eine Transmissionsanlage in Bewegung setzt. Die Dampfmaschine wird heute im Museum – historisch gesehen falsch – durch einen verdeckt angebrachten modernen Elektromotor angetrieben. In Korrespondenz zu ihr steht, als Beispiel für Antriebsformen aus der Zeit um 1900, ein historischer Elektromotor, mit dem alternativ ebenfalls der Betrieb der Transmission möglich ist.

Zum Thema Antriebsenergie und Transmission sei darauf verwiesen, dass das Deutsche Werkzeugmuseum in Form eines Wasserhammers, dem sogenannten Steffenshammer aus dem 18. Jahrhundert, eine Außenstelle besitzt, in der u. a. mit Hilfe von Wasserkraft geschmiedet werden kann. Diese Außenstelle ergänzt in gewisser Weise die Ausstellungseinheit „Kleinindustrielle Fertigung".

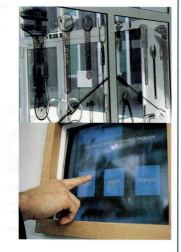

Die Dampfmaschine leitet thematisch bereits zur nächsten Ausstellungseinheit (A 7) „Industrielle Werkzeugfertigung" über, da im 19. Jahrhundert die Werkzeugfabriken zuerst Dampfmaschinenantrieb besaßen, bevor der Elektromotor als Einzelantrieb für jede Werkzeugmaschine Standard wurde. Die industrielle Werkzeugfertigung, wie sie um 1900 in zahlreichen Werkzeugfabriken zu finden war, unterschied sich erheblich von der noch stark handwerklich geprägten Produktion in kleinen Kotten, Hämmern und Werkstätten. Denn nun erfolgte die Zusammenfassung der einzelnen Arbeitsschritte bei der Werkzeugherstellung in einem Fabrikgebäude, in dem Werkzeugmaschinen in größerer Zahl eingesetzt wurden. Auch die Beschäftigtenzahl pro Betrieb stieg, wobei in der Werkzeugfertigung eine mittelständische Struktur gewahrt wurde, also in der Regel keine großen Konzerne wie in der Montanindustrie entstanden. Die industrielle Werkzeugfertigung in der Fabrik ist durch hohe Arbeitsteilung gekennzeichnet, was sowohl die eigentliche Werkzeugproduktion, als auch die entwerfenden, kalkulierenden und überwachenden Tätigkeiten betrifft. Als Beispiel für die soziale Differenzierung wird in der Ausstellungseinheit die Entstehung neuer Angestellten- und Meistergruppen angesprochen.

Der Werkmeister, dessen Arbeitsplatz durch eine nachkonstruierte Werkmeisterbude und ein Großfoto charakterisiert wird, trat nun in der Werkzeugproduktion an die Stelle des Unternehmers, indem er die Arbeit in der jeweiligen Produktionsabteilung anleitete und überwachte. Verdeutlicht wird durch eine Stechuhr und eine Fabrikglocke – diese gaben (wie später die Dampfpfeifen) das Signal für den Beginn und das Ende der Arbeit bzw. der Pausen – die rigide Zeitstruktur beim Produktionsablauf. Die Hierarchien des Fabrikbetriebes machen Arbeitsordnungen aus der ersten Hälfte des 20. Jahrhunderts deutlich, die bei Widersätzlichkeiten oder Eigenmächtigkeiten der Arbeiter die sofortige Entlassung vorsahen.

Neben diesen sozialgeschichtlichen Informationen unterrichtet ein weiterer Schwerpunkt der Ausstellungseinheit über das industrielle Gesenkschmieden, welches noch heute in der Werkzeugindustrie ein wichtiges Herstellungsverfahren ist. Dabei wird insbesondere auf die industrielle Herstellung von Schraubenschlüsseln und von Zangen eingegangen. Darüber hinaus wird die industrielle Herstellung von Sägen thematisiert, bei der andere Produktionsverfahren eine Rolle spielen.

Zwei weitere Großexponate sind in dieser Ausstellungseinheit untergebracht, die zwar im Zusammenhang mit der industriellen Werkzeugproduktion stehen, jedoch thematisch schon in weitergehende Bereiche führen. Dies ist zum einen der weltweit erste Produktionsofen zur Herstellung von Elektrostahl, der 1906 von Richard Lindenberg in Remscheid-Hasten in Betrieb genommen wurde. Mit ihm konnte hochwertiger Werkzeugstahl hergestellt werden. Darüber hinaus finden sich als weitere Exponatgruppe originale Walzanlagen und Modelle zur Herstellung des nahtlosen Rohres. Zwei Remscheider Feilenfabrikantensöhne, Reinhard Mannesmann (1856 – 1922) und Max Mannesmann (1857 – 1915), entwickelten die technischen Verfahren, um solche Rohre herzustellen. Aus der Feilenfabrik entwickelte sich der Großkonzern Mannesmann, dessen Sitz sich heute in Düsseldorf befindet.

Die letzte Ausstellungseinheit (A 8) hat das Thema „Moderne Werkzeuge – Moderne Fertigung" zum Inhalt. Auf verhältnismäßig kleinem Raum werden in verdichteter Form, unter Einsatz von zwei Videomonitoren und zwei Computer-Arbeitsplätzen, die Veränderungen in der heutigen Werkzeugindustrie dargestellt. Die Werkzeugfabrik von heute ist im Umbruch. Neue Organisationsformen, neue Verfahren im Fertigungsfluss und Qualitätssicherungsprogramme verändern den Arbeitsalltag in der modernen Fertigung. Programmierbare, computergesteuerte Werkzeugmaschinen (CNC-Maschinen) bearbeiten die Werkstücke. Nicht mehr der Mensch spannt das Werkzeug in diese Maschinen ein, diese haben vielmehr ihr eigenes Werkzeugmagazin und nehmen den Austausch der einzelnen Werkzeuge nach Computerprogramm vor. Solche CNC-Maschinen mit integrierten Werkzeugmagazinen können mehr als 50 Werkzeuge (Werkzeugplätze) enthalten. Moderne Werkzeuge verändern sich ferner durch den Einsatz neuer Werkstoffe, ökologische Fragestellungen rücken stärker in den Vordergrund.

Reaktionen auf die Neukonzeption. Die Mitwirkenden.

Mit dem Rückblick in die Steinzeit hat der Gang durch das Museum begonnen, mit dem Ausblick auf die Gegenwart und mögliche Entwicklungen der Zukunft endet er. Bewusst ist dieser Gang für den Museumsbesucher so gestaltet, dass er jederzeit in eine andere Ausstellungseinheit überwechseln kann. Es gibt keine vorgeschriebene „Zwangsführung". Das spontane Interesse und die spontane Neugierde kann und soll den Museumsbesuch leiten. Bewusst wurde dabei das Konzept des spielerischen Lernens, insbesondere durch Ausprobieren, verfolgt. Denn etwas lernt die Besucherin bzw. der Besucher im Museum immer, im schlimmsten Fall, dass es dort sehr langweilig sein kann.

Die Umsetzung der neuen Museumskonzeption erfolgte in zwei Schritten. 1996 wurde ein Teilbereich eingeweiht, im Oktober 1998 erfolgte die Einweihung des gesamten Museums.
Zahlreiche Rückmeldungen von Besucherinnen und Besuchern zeigen seitdem, dass das neue Museum und seine Ausstellungseinheiten auf große Begeisterung stoßen. Insbesondere die Möglichkeiten zum Ausprobieren werden eifrig genutzt. Kinder und Jugendliche fühlen sich hier besonders angesprochen, was öfters dazu führt, dass sie protestieren, wenn die erwachsenen Begleiter nach ein bis zwei Stunden zum Ausgang drängen. Ein schöneres Kompliment als diese Begeisterung für das Museum kann es für Museumsleute nicht geben.
Aber auch Werkzeugfirmen und zahlreiche Fachbesuchergruppen äußern sich sehr zufrieden. Immer mehr Firmen wollen mit ihren Exponaten in den Vitrinen des Wechselausstellungsbereiches vertreten sein und immer mehr Werkzeugfirmen feiern ihre Jubiläen in der Begegnungsstätte des Werkzeugmuseums.

Eine Museumsneukonzeption kann nie das Werk eines Einzelnen sein. Die Mithilfe vieler engagierter Personen ist dafür erforderlich. Dass viele dabei mitgeholfen haben, wird an zahlreichen Stellen dieses Museumsführers deutlich. Insbesondere der Anhang zeigt, wie wichtige Hilfe von den unterschiedlichsten Stellen kamen. Dank sei den dort genannten Archiven und Museen sowie anderen wissenschaftlichen Institutionen gesagt, die bereitwillig Auskünfte gaben oder Fotos, Textinformationen und Exponate zur Verfügung stellten. Der Dank geht auch an den Fachverband Werkzeugindustrie e.V. und seine Geschäftsführung sowie die weiteren Fachverbände der Industrie und zahlreiche Werkzeugfirmen. Sie haben nicht nur für das Projekt gespendet, sondern (insbesondere bei technischen Informationen) Wissenslücken der Museumsleute geschlossen. Die Namen dieser Firmen finden sich auf der Donatorentafel und auf den Seiten des Spendenbuches im Foyer des Museums. Der Dank des Museums richtet sich auch an den Förderkreis Deutsches Werkzeugmuseum e.V. und das Team von Bürger.Albrecht.Partner. Die engagierten Diskussionen und Arbeitsgespräche waren für die Gestaltung der Ausstellungseinheiten von großer Wichtigkeit. Denn was nützt die beste fachliche Fragestellung, wenn sie in der Schausammlung nicht anschaulich „kommuniziert" werden kann. Der Dank gilt auch allen „Bauleuten", die das neue Museumsgebäude geschaffen haben. Ihre Namen und Leistungen sind in einer eigenen Publikation (herausgegeben vom Baudezernat der Stadt Remscheid) aus dem Jahre 1996 gewürdigt, auf die ich ausdrücklich hinweise.

Danken möchte ich – last not least – den Mitarbeiterinnen und Mitarbeitern im Hause. Justus Mannchen (als Diplom-Geologe von Haus aus Naturwissenschaftler) schrieb ebenfalls Texte für zahlreiche Tafeln der acht Ausstellungseinheiten und führte umfangreiche wissenschaftliche Recherchen durch. Die Zusammenarbeit eines Naturwissenschaftlers mit einem Historiker erwies sich gerade bei dem Thema Werkzeug als besonders fruchtbar. Dieter Orth als technischer Praktiker und ehemaliger Betriebsleiter in der Werkzeugindustrie übernahm die Umsetzung zahlreicher technischer Probleme. Monika Lo Gatto betrieb mit großer Umsicht und Akribie die organisatorische Abwicklung der Verwaltungsarbeiten für die Neukonzeption, während Karin Pfister unentwegt immer neue und veränderte Textfassungen für die einzelnen Ausstellungseinheiten schrieb und souverän den Schriftverkehr mit Werkzeugfirmen im Griff hatte.

„Es gibt mehr Werkzeuge als Arbeiter und von diesen mehr schlechte als gute", hat Jean de La Bruyère einmal gesagt. Im Falle der Mitwirkenden an der Neukonzeption des Museums gilt dieser Satz, zumindest in seinem zweiten Teil, eindeutig nicht. Aber letztlich können nur Sie, liebe Besucherinnen und Besucher, über den Erfolg des Projektes entscheiden:

Kommen Sie ins Deutsche Werkzeugmuseum und entdecken Sie die spannende Welt des Werkzeugs!

Dr. Urs Justus Diederichs
Direktor des Deutschen Werkzeugmuseums

Museums- und Gestaltungskonzept

Gesamtfläche: 1.700 qm
Projektbeginn: Mai 1996
Eröffnung: Oktober 1998

Design ist Denkarbeit und Handwerk – jede noch so gute Idee, jedes noch so ausgefeilte Konzept muss und kann sich erst in der Realisation, der Umsetzung beweisen. Als unser Büro im Mai 1996 eingeladen wurde, ein Konzept für die Neugestaltung des Werkzeugmuseums vorzustellen, war die alltägliche Erfahrung der Notwendigkeit guten (Hand-)werkzeugs für die Qualität eines Arbeitsergebnisses unserem Team ein besonderer Ansporn, sich in diese spezifische Thematik einzuarbeiten.

Doch nicht nur der Ausstellungsgegenstand, das Werkzeug mit seinen wirtschaftlichen, sozialen und technologischen Facetten, sondern auch der spezielle Ausstellungsort, das Museumsgebäude mit seinen alten und neuen Gebäudebereichen, stellte für uns eine inhaltliche und gestalterische Herausforderung dar.

Museums- und Gestaltungskonzept

Unserem Ansatz des Museumsdesigns lag die konzeptionelle Vorgabe des Deutschen Werkzeugmuseums zugrunde, ein »Erlebnismuseum« zu schaffen. Davon ausgehend sollte ein Museum entstehen, das nicht nur repräsentativer Ausstellungsraum für Exponate und didaktischer Lernort ist, sondern ein vielfältiger Ort des Erlebens und Entdeckens für den »homo ludens« jeden Alters. Information gepaart mit Interaktion, damit durch individuelles Handeln der Besuch zu einem lebendigen und spannenden Erlebnis wird. Die thematische Vielfalt und die Komplexität der vorhandenen architektonischen Strukturen erforderten ein Ausstellungskonzept räumlich und visuell abgegrenzter Erlebnisräume auf der Basis eines individuellen Ausstellungssystems. Thematische »Inseln« erschließen und gliedern den weitsichtigen Raum, setzen die Schwerpunkte innerhalb der fabrikhallenähnlichen Architektur und bieten dem Besucher eine visuelle Führung. Diese individuell auf Themen, Exponate und Aktivitäten angepassten Ausstellungseinheiten erleichtern es dem Besucher, sich fokussierend intensiv auf das jeweilige Themenfeld zu konzentrieren. Klare, übersichtliche Strukturen sollen das individuelle Erfassen, Entdecken und Verstehen erleichtern. Die Aufbereitung der Themen durch Text, Bild, Grafik und Neue Medien wird zum Angebot für alle Sinne. Darüber hinaus ermöglicht eine Vielzahl spezifischer Besucheraktivitäten einen direkten und individuellen Zugang zur Ausstellung. Im Umgang mit realen, fassbaren Dingen werden traditionelle Hemmschwellen schnell überwunden und junge wie alte Besucher für neue und fremde Inhalte interessiert.

Ein weiterer wichtiger Ansatz der Ausstellungskonzeption war es, die vorhandene Substanz zu wahren und zu revitalisieren. So hat das Authentische in der Ausstellung den Vorrang. Denn das sinnliche Erlebnis, die nicht zu übertreffende Kraft des Originals, vermittelt dem Besucher Inhalte und Eindrücke ohne viele Worte direkt »über den Bauch«. Eindrucksvoll ist dies z.B.

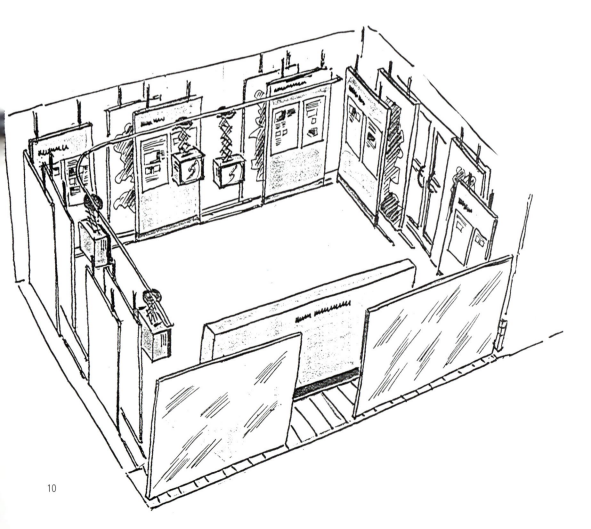

an der wiederhergestellten Außenfassade im Bereich der Thienes-Halle erfahrbar, wo der Besucher die ursprüngliche Erscheinung des Gebäudes antrifft. Diese Intention setzt sich als Präsentationsprinzip der Ausstellung in einer bewussten und erkennbaren Trennung von Altem (Originale) und Neuem (Repliken etc.) konsequent fort. Die Vitrinen enthalten deshalb grundsätzlich Originalexponate, dagegen laden Nachbauten und Repliken an den Besucheraktivitäten zum individuellen Ausprobieren und Erforschen ein oder sie vervollständigen die Inszenierungen.

Das Ausstellungsdesign

Den Kern der beschriebenen Themeninseln bildet eine modulare Präsentationslandschaft. Das eigens für die museale Ausstellung entwickelte System besteht aus freistehenden Wandscheiben, in die Präsentationsflächen für Exponate, Bild-Text-Elemente und Module für Neue Medien innerhalb eines Gestaltungsrasters integriert werden können. Die Wandscheiben ergänzen »Satelliten« in Form von Tisch- und Podestelementen für die Präsentation von Großexponaten und Besucheraktivitäten.
Um den Eindruck der Elemente als »Wandflächen« bzw. neutrale Träger zu verstärken, wurden alle Medien flächenbündig eingelassen. Ausnahme bilden die Exponatvitrinen, die gleich einem Werkzeugschrank ein- oder aufgesetzt sind. Das Bild des Werkzeugschranks setzt sich auch im Innern der Vitrinen fort: So werden Exponate wie z.B. Schraubendreher in der typischen Einhangsituation präsentiert. Hier wird ein grundlegendes Gestaltungsprinzip deutlich: Das gesamte Ausstellungsdesign folgt dem Sujet – die Welt des Werkzeugs findet sich überall fragmentarisch wieder. Dies gilt für die Präsentationsform wie auch für die verwendeten Materialien und Oberflächen, die den Weg von der tradtionellen zur »digitalen« Werkbank wiederspiegeln. Massive Buchenplatten als Präsentationsflächen, Edelstahl und Naturstahl als Material für Podeste, Blenden und Verbindungselemente, Metallgewebe als Raumteiler, Hammerschlag-Lacke für konstruktive Elemente, Filz- und Gummi für Ablagen – sie alle zitieren das originäre Umfeld der gezeigten Exponate.

Das Informationsdesign des Museums setzt die technische Anmutungsqualität der Werkzeugwelt in allen Medien fort. Metallische Silber- und Blautöne in Verbindung mit warmen Ziegeltönen bestimmen das Farbklima des Orientierungs- und Informationssystems. Die Wahl der in allen Medien verwendeten Hausschrift »Frutiger« leitet sich aus guter Lesbarkeit und dem charakteristischen Merkmal einer sachlich-technischen Ausstrahlung ab.

Das Werkzeugmuseum als Erlebnismuseum lebt von der Interaktion – auch bei Besucherführung und -information. Ausgangspunkt ist daher ein mehrsprachiger Informations-Touchscreen, der wie alle Neuen Medien in das Ausstellungssystem integriert ist. Hier werden den Besuchern wichtige Grundsatzinformationen zu Konzeption und Inhalten des Museums vermittelt und es heißt »Bitte ausprobieren« – die Aufforderung, die der Besucher an allen Aktivitäten des Museums wiederfindet.
Neben den interaktiven Medien sind die Ausstellungstafeln die Hauptträger der Text- und Bildinformationen. Wie in den Neuen Medien sind auch hier die Inhalte mehrstufig strukturiert, d.h. in mehrere Ebenen gegliedert. Im Vordergrund stehen die Abteilungs- und Thementexte mit farblich und grafisch hervorgehobener Einleitung, gefolgt von vertiefenden Detailtexten und entsprechenden fotografischen Abbildungen und Grafiken. Die Hintergrundebene bilden farbig getönte Themenmotive, die sowohl grafisches

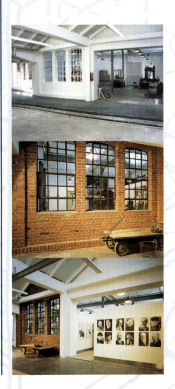

Element als auch Träger von Tertiärinformation für wissenschaftliche Führungen darstellen.

Die Farbigkeit von Textauszeichnungen, Grafiken und Illustrationen arbeitet mit dem beschriebenen Farbspektrum des Informationssystems. Alle fotografischen Abbildungen der Tafeln sind in Schwarzweiß gehalten – gleich den in die Einheiten eingebundenen oder in Themen- und Exponat-Inszenierungen eingesetzten Großbildern. Eine formale Konsequenz, die in ihrer Gesamtheit die Grundlage für die medienübergreifende, stringente Ästhetik des Ausstellungsdesigns bildet: Das Museum spricht in der zwei- und dreidimensionalen Umsetzung trotz verschiedenartiger Inhalte und Anforderungen eine gestalterische Sprache.

Die Themeninseln des Ausstellungssystems werden in mehreren Bereichen des Museums durch Szenarien großformatiger Exponate ergänzt. Die Inszenierung per Großbildtechnik ermöglicht das Exponat in bzw. vor seinem historischen Umfeld zu präsentieren. Mit digital-analogen Verfahren lassen sich aus kleinformatigen Zeitungsanzeigen Großbilder mit einer Größe bis zu 20 qm erzeugen. Weiterhin wurden die Szenarien mit sensorgesteuerten Audioeinheiten, ausgestattet, die den Exponaten bei Annäherung der Besucher Leben einhauchen. Originalgeräusche wie von Dampfmaschinen und Fallhämmern helfen ein lebendiges Bild der präsentierten Exponate zu erzeugen. Gezielte Lichtführung steigert die Dramaturgie und lenkt den Blick der Besucher ganz direkt auf die »Highlights« der Inszenierung.

Die Lichttechnik setzt mit dieser »Fokussierung« das inhaltliche Prinzip des Ausstellungsdesigns fort. Um dies trotz der großen Allgemeinhelligkeit der Oberlichter zu gewährleisten, wurden in der gesamten Präsentation bevorzugt starke Spotscheinwerfer verwendet. Die Standardvitrinen sind mit konvetioneller Halogentechnik ausgestattet, die Vitrinen für lichtoder temperaturempfindliche Exponate dagegen mit Kaltlicht-Technik (Glasfasern). Diese erlaubt eine sehr akzentuierte Objektbeleuchtung ohne Wärmestrahlung – sodass dem Besucher kein Exponatdetail verborgen bleibt.

Haben Technik und Ausstellungsdesign im Museum in erster Linie »dienende Funktion«, so findet der Besucher in zwei Ausstellungseinheiten eine direkte Verbindung von Ausstellungsdesign und Inhalt.
Im ersten Fall, »Werkzeug im Wandel« (A1), wurde den bestehenden Tisch- und Bodenvitrinen durch Stahleinhausungen die Anmutungsqualität einer Ausgrabungsstätte verliehen. Wie einen Fund kann der Besucher die Exponate nur fragmentarisch durch

Sichtfenster entdecken, oder er muss sich bücken um die Details zu seinen Füßen zu erkunden.

Diametral am anderen Ende der Zeitschiene zeigt sich in der Abteilung »Moderne Werkzeuge – Moderne Fertigung« (A8) das Jetzt und die Zukunft des Werkzeugs auf einer High-Tech Insel. Über einen mit Neonlicht durchleuchteten Glasbodengang betritt der Besucher spürbar das »Neuland« moderner Fertigung und digitaler Maschinenwelten. Das Gestaltungskonzept interpretiert die Flexibilität und Mobilität heutiger Prozesse mit einem ebenso wandelbaren Ausstellungsdesign aus verfahrbaren Plasma-Videomonitoren, Großbildern, Vitrinen sowie Bild- und Texttafeln.

Der Eingangsbereich ist die Schnittstelle zwischen Unter- und Obergeschoss und den Veranstaltungs- und Schulungsräumen. Neben Zentraler Information und Shopelementen befinden sich hier das Sponsorenbuch und die Donatorentafel. Besonderheit dieser Tafel ist das Szenario »industrieller Bildstatistik« des Remscheider Grafikers Gerd Arntz. Diese aus den dreißiger Jahren des letzten Jahrhunderts stammenden Symbole finden sich bis heute in den Piktogrammen der Industrie wieder.

Alle Details der Ausstellung möchten wir aber nicht offen legen – am besten gehen Sie in Remscheid selbst auf Entdeckungstour rund um die Welt des Werkzeugs.

Danksagung

»Das Ganze ist immer mehr als die Summe seiner Teile«.

Auch das »Produkt« Deutsches Werkzeugmuseum Remscheid ist das Ergebnis intensiven Engagements vieler »Köpfe« und »Hände«, denen wir für die gute Zusammenarbeit unseren Dank aussprechen wollen: Zuerst dem Team des Museums unter der Leitung von Herrn Dr. Diederichs und dem Förderkreis des Deutsches Werkzeugmuseums unter Vorsitz von Herrn Tödt, die uns viel Freiraum für die Neugestaltung des Museums zugestanden haben. Weiter den vielen regionalen und überregionalen Unternehmen, die unseren Anspruch an technische Perfektion, Qualität und innovative Lösungen mitgetragen und umgesetzt haben. Schließlich den Mitarbeitern unseres Hauses, Frau Sabine Albrecht, Herrn Jochen von der Mühlen und Herrn Olaf Häckner, die sich weit über das von meinem Partner Jens Albrecht und mir zu erwartende Maß hinaus für das Projekt eingesetzt haben. Wir freuen uns alle über das Ergebnis und die positive Resonanz.

Peter Bürger, Bürger . Albrecht . Partner

Peter Bürger & Jens Peter Albrecht
Bürger . Albrecht . Partner

Das Deutsche Werkzeugmuseum und seine Ausstellungseinheiten im Überblick

Der Museumsführer begleitet Sie durch die einzelnen Ausstellungseinheiten. Beginnend mit A1 im Obergeschoss bis zu A8 im Erdgeschoss.

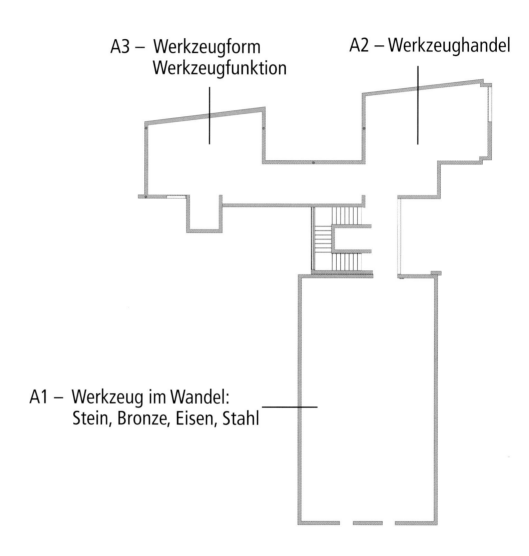

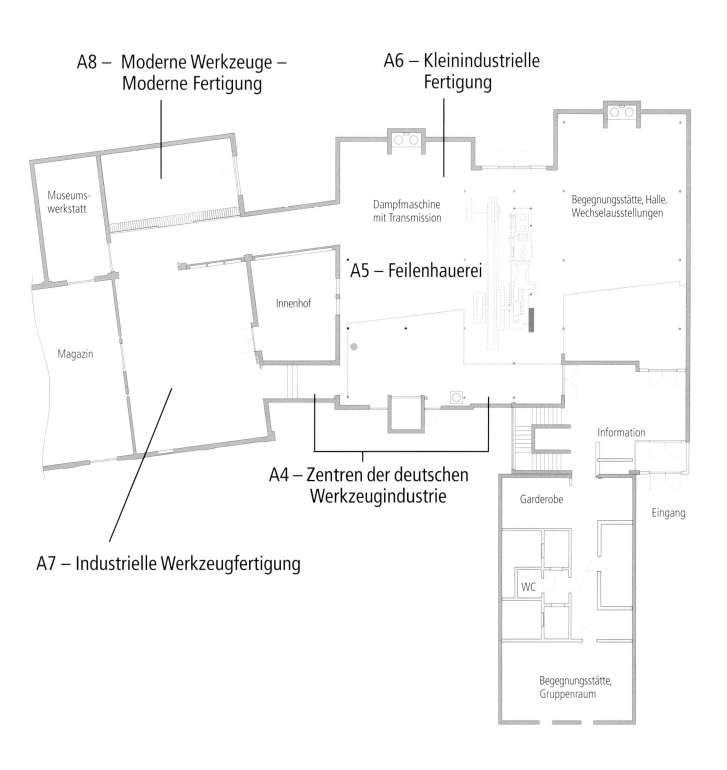

Erdgeschoss

Donatoren

Eugen-Moog-Stiftung

Fachverband Werkzeugindustrie e.V.

Carl Aug. Picard GmbH & Co. KG

Stadtsparkasse Remscheid

Jubiläumsstiftung der Stadtsparkasse Remscheid

Richard Felde GmbH & Co. KG

FLACHGLAS AG

TRAUB-Drehmaschinen GmbH

SANDVIK BELZER GmbH

MHP Mannesmann Hoesch Präzisrohr GmbH

Metabowerke GmbH & Co.

KNIPEX-WERK C. Gustav Putsch

HAZET-Werk Hermann Zerver GmbH & Co. KG

Friedr. Dick GmbH

ROBERT BOSCH GmbH

SANDVIK KOSTA GmbH

Lehren- und Meßgerätewerk Schmalkalden GmbH

Gesellschaft für Fertigungstechnik und Entwicklung Schmalkalden/Chemnitz mbH

EMIL LUX GmbH & Co. KG

Mahr GmbH

Diamant Boart Deutschland GmbH

BIAX-WERKZEUGE GmbH & Co.

Stadtwerke Remscheid GmbH

Für ihren außerordentlich großzügigen Einsatz für das Deutsche Werkzeugmuseum ist in besonderem Maße Frau Ria Fresen-Gommann (gestorben 1999) zu danken.

Zahlreiche weitere Spenderinnen und Spender unterstützen das Projekt finanziell. Ihre Namen finden sich auf den Seiten des Spenderbuches im Museumsfoyer und im Anhang dieses Museumsführers.

Gang durch das Museum

Werkzeug: allg. jedes Hilfsmittel, das zur leichteren Handhabung oder zur Bearbeitung eines Gegenstandes verwendet wird. Man unterscheidet Hand-W., die direkt von Hand geführt werden, und Maschinen-W., die in eine W.-Maschine eingespannt werden. Je nach Anwendungs- und Aufgabenbereich gibt es W. zum Spanen (z.B. Drehmeißel, Bohrer, Fräser, Feilen, Sägeblätter, Schaber), W. zum Umformen (z.B. Hammer, Gesenke), W. zum Urformen (z.B. Gieß- und Preßformen), W. zum Schneiden (z.B. Scheren, Schnittstempel) und W. zum Fügen (z.B. Schraubendreher, Schraubenschlüssel, Nähnadeln). Ein W., das je nach Ausführung versch. Zwecken dient (z.B. Trennen, Biegen, Festhalten), ist die Zange.

Brockhaus 1994

Werkzeug im Wandel:
Stein, Bronze, Eisen, Stahl

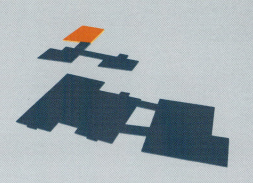

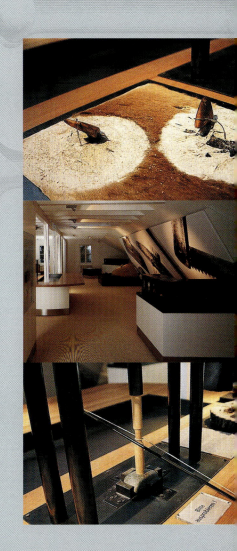

Werkzeug im Wandel: Stein, Bronze, Eisen, Stahl

Zeittafel Mitteleuropa

Jahr		Epoche	Beschreibung
1000		Hochmittelalter und Frühmittelalter	Zerfall der zentralstaatlichen Ordnung, Feudalsystem, wenige Neuerungen in der Werkzeugtechnologie
n.Chr.		Römerzeit / Spätantike	Zentrales Staatswesen, Städte, Massenherstellung einer Vielfalt von eisernen Werkzeutypen
v.Chr.	jüngere	Eisenzeit	Entwickelte Gesellschaft der Kelten, stadtartige Siedlungen, ausgeprägte Eisentechnologie und -verarbeitung, differenziertes eisernes Werkzeug
	spätere		
1000	Spät-		
	Mittel-	Bronzezeit	Ausgeprägte gesellschaftliche Gliederung, weitere berufliche Differenzierung u.a. Händler, Erzsucher, Bergleute und Gießer, Werkzeuge aus Bronze
2000	Früh-		
3000			
4000		Neolithikum (Jungsteinzeit)	Ackerbauer, Viehzüchter und Handwerker, Werkzeuge u.a. Steinbeile, Steinbohrgeräte
5000			
6000			
7000		Mesolithikum (Mittelsteinzeit)	Jäger, Sammler und Fischer, Werkzeuge u.a. Kleinstwerkzeuge aus Stein (Mikrolithen)
8000			
40000			
150000		Paläolithikum (Altsteinzeit)	Jäger und Sammler, Werkzeuge u.a. Faustkeile, Schaber und Spitzen
500000			

Werkzeuge der Steinzeit

Werkzeuge wurden von den Menschen schon vor rund zwei Millionen Jahren gebraucht (Geröllgeräte aus Stein, sogenannte Chopping tools). Bereits vor etwa 1,5 Millionen Jahren war der aufrechtgehende Mensch (Homo erectus) in der Lage, Steinwerkzeuge (Faustkeile) herzustellen und auch die dabei anfallenden Steinabschläge als Werkzeug zu verwenden.

Den Menschen der Altsteinzeit (ca. 500000 bis um 8000 v. Chr.) dienten zur Herstellung ihrer Werkzeuge und Waffen (Artefakte) Feuerstein, Quarzit, Obsidian und andere, stark kieselsäure-(SiO_2)haltige Gesteine. Diese eigneten sich durch Härte, gute Bruchbildung und Schärfe der Kanten besonders gut als Werkzeugmaterial.

Mit verschiedenen Schlagtechniken erfolgte die Bearbeitung in Kernstücke, z.B. für Faustkeile und Abschläge. Beim direkten harten Schlag wurde der Rohstoffkern mit einem Schlagstein (= Hammervorläufer) bearbeitet. Der direkte weiche Schlag wurde mit elastischem Holz, Knochen oder Horn ausgeführt, wobei dünne Abschläge anfielen. Bei der Drucktechnik wurde die Energie mittels Druckstäben (Brust-, Arm-, Handdruckstab) auf den Stein übertragen. Sie ermöglichte auch feine Kantenbearbeitung, Retusche genannt. Die Punschtechnik kombinierte die Verfahren: Ein härteres Schlagstück wirkte indirekt über ein Zwischenstück (Punsch) ansatzgenau auf das zu bearbeitende Rohgestein. Durch die Retusche konnten Abschläge so genau bearbeitet werden, daß Werkzeuge für ganz bestimmte Handhabungen, also erste Spezialwerkzeuge, wie Stichel, Schaber, Klingen und Rasiermesser entstanden. Neben Stein waren Holz, Knochen, Horn und Sehnen die hauptsächlichen Materialien zur Werkzeugproduktion.

Nach der Mittelsteinzeit (ca. 8000 bis um 5600 v. Chr.) kamen mit Beginn der Jungsteinzeit (ca. 5600 bis um 2300 v. Chr.) neue Werkzeuge in Gebrauch. Diese erforderten teilweise neue Herstellungstechniken, wie das Schleifen, das Sägen und das Bohren von Werkzeugen. Neben dem verbreiteten Feuerstein, der jetzt auch im bergmännischen Tiefbau gewonnen wurde, fanden Gesteine wie Basalt, Schiefer und Amphibolit für die Produktion von Beilen, Äxten und Hacken Verwendung.

Das Beil gewann als universelles Werkzeug überragende Bedeutung. Durch quer zum Stiel befestigte Beilklingen (Dechsel) wurden Hacken hergestellt. Um auch kleinere Beile mit Schäften zu versehen, fanden Zwischenfutter aus Horn Verwendung. Beile mit asymmetrischem Querschnitt, sogenannte Schuhleistenkeile, leiteten zu Stechbeiteln und Meißeln und deren vielseitigen Anwendungen über. Die Stiele bestanden aus zähem, parallelfaserigem Eschenholz. Aufwendig gearbeitete Äxte wurden auch als Waffen eingesetzt.

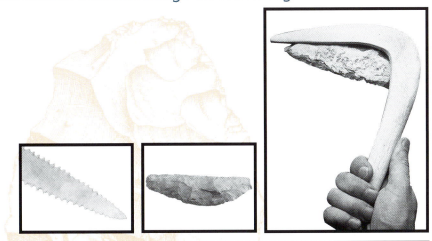

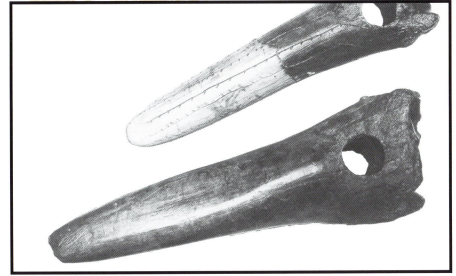

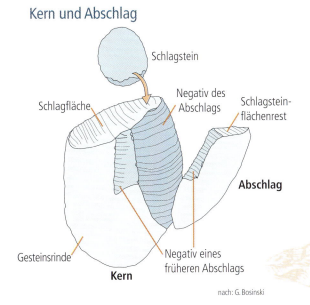

Kern und Abschlag

- Schlagstein
- Schlagfläche
- Negativ des Abschlags
- Schlagsteinflächenrest
- Abschlag
- Gesteinsrinde
- Negativ eines früheren Abschlags
- **Kern**

nach: G. Bosinski

Feuersteinklingen als Schaber und Vorschneider

Abbildungen

oben links: Sichelklinge aus Feuerstein, Jungsteinzeit

oben rechts: Geschäftetes Sichelblatt aus Feuerstein, Rekonstruktion, nach: H. Schlichtherle

Mitte: Knochenhacken der Mittelsteinzeit

unten rechts: Feuersteinwerkzeug, Jungsteinzeit, Dänemark

nach: L. Pfeiffer

Werkzeuge der Bronzezeit

Mit dem Aufkommen des Metalls Bronze trat ein neuer Werkstoff neben den seit Jahrtausenden verwendeten Stein. Dies führte zu großen Veränderungen im wirtschaftlichen und gesellschaftlichen Leben der Menschen.

Im Gegensatz zum Rohstoff Stein waren die für die Herstellung von Bronze erforderlichen Rohmaterialien Kupfer und Zinn nicht überall verfügbar. Sie mußten aus Regionen mit natürlichen Lagerstätten herangeschafft werden. Dies führte zu Handel und Austausch von Gütern über weite Distanzen. In den Bergwerks- und Verhüttungszentren bildete sich zudem erstmals eine organisierte Arbeitsteilung in größerem Umfang, da eine Vielzahl von Arbeitern für verschiedene Tätigkeiten benötigt wurde. Die Bronzegießer kristallisierten sich als eine eigene Berufsgruppe heraus.

Kupfer und Zinn sind die Grundstoffe für die Herstellung von Bronze. In reiner Form ist Kupfer relativ weich und für die Produktion von brauchbaren und haltbaren Werkzeugen daher wenig geeignet. Den wesentlichen Fortschritt in der Metallurgie, d.h. die „Erfindung" der Bronze, brachte die Beobachtung, daß durch die Hinzufügung von Zinn das Metall wesentlich härter und seine Schmelze dünnflüssiger, also besser gießbar, wurde. Auch liegt der Schmelzpunkt der Legierung Bonze erheblich unter dem von reinem Kupfer (1083 °C).

Die Metallhandwerker der Bronzezeit bedienten sich bei der Herstellung von Werkzeugen, Geräten, Waffen und Schmuck in erster Linie der Technik des Bronzegusses. Das Schmieden und Treiben fand nur in bestimmten Bereichen Anwendung. Kupfer-Schmelzkuchen und Kupferbarren dienten dem Bronzegießer als Grundmaterial. Diese wurden unter Zugabe von Zinn eingeschmolzen und in Schmelztiegeln aus Ton gefüllt Die so zubereitete flüssige Bronze goß der Handwerker schließlich in bereitstehende Gußformen. Dabei gab es verschiedene Gußtechniken, so u.a. den Guß in eine einteilige, offene, liegende Form (Herdguß) oder den Guß in eine zwei- oder mehrteilige Form (verdeckter Herdguß). Die Formen konnten aus Sandstein, Ton oder Bronze bestehen. Die durch den Guß entstandenen Werkzeugrohlinge mußten weiter bearbeitet werden. Dazu gehörte etwa das Abschlagen der Eingußtrichter, das Entfernen von Gußnähten oder das Glätten der Werkzeugoberflächen.

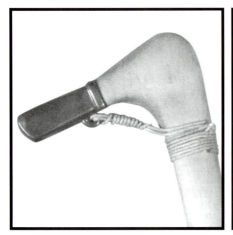

Abbildungen

oben links: Rekonstruktion eines Tüllenbeils

oben rechts: Tüllenbeile

Mitte: Depotfund von Erdözentgyörgy

Herdguß:
einteilig,
Gußlage: stehend

Verdeckter Herdguß:
zweischalig,
Gußlage: stehend

Guß in verlorener Form:
einteilig, ummanteltes und
ausgeschmolzenes Wachsmodell
Gußlage: stehend

Die Herstellung von Bronzewerkzeugen

nach: E. Probst

Werkzeuge der Eisenzeit und der römischen Antike

Im 8. Jahrhundert v. Chr. begann man in Mitteleuropa Werkzeuge, Waffen und Geräte aus Eisen herzustellen. Der Übergang von der Bronze zum Eisen als bevorzugtes Material vollzog sich allerdings nur allmählich. Noch in römischer Zeit wurden bestimmte Meßwerkzeuge oder Feinbearbeitungswerkzeuge nicht aus Eisen, sondern aus Bronze hergestellt.

Zum Ende der Eisenzeit, in den Jahrzehnten vor Christi Geburt und vor der römischen Invasion in Gallien und Germanien beherrschten die Kelten das Eisenhandwerk perfekt. Sie kannten viele Werkzeugformen, die dann auch später in der römischen Kaiserzeit hergestellt wurden und die sich vielfach bis heute kaum verändert haben (z.B. Hammer, Zange, Axt etc.).

Eisen ist härter als Bronze und somit für die Herstellung von Werkzeugen und Waffen der geeignetere Rohstoff. In römischer Zeit, nach Christi Geburt, erlebte in Mitteleuropa die Eisenverhüttung und das Schmiedehandwerk einen gewaltigen Aufschwung. Allein die Ausstattung der römischen Legionen mit Waffen, Werkzeugen und Geräten erforderte eine Massenproduktion großen Ausmaßes. Davon zeugen heute noch Bodenfunde von eisernen Werkzeugen im Umkreis der ehemaligen, römischen Kastelle, z.B. der Saalburg in Hessen.

In schriftlichen Quellen sind zudem zahlreiche lateinische Berufsbezeichnungen aus dem Metall gewinnenden und verarbeitenden Handwerk verzeichnet. Zur Grundausstattung des römischen Schmiedes gehörten die Esse, der Amboß, der Schmiedehammer und die Schmiedezange. Da sich Eisen im kalten Zustand nicht entsprechend bearbeiten läßt, brachte der Schmied in der Esse das zu bearbeitenden Stück Metall zum Glühen. Mit der Zange legte er dann das glühende Werkstück auf den Amboß, um es dort zu bearbeiten bzw. zu schmieden. Der römische Schmied beherrschte bereits alle auch heute noch gängigen Techniken, wie beispielsweise das Strecken, Stauchen, Spalten, Lochen, Schweißen und Löten.

Neben den Metallhandwerkern sind aus dem Bereich des römischen Holzhandwerkes etwa 70 Berufe bekannt. Zu ihnen gehören beispielsweise der Zimmermann, der Bau- und der Möbeltischler sowie der Drechsler.

Im Gegensatz zu heute hatten Handwerker in römischer Zeit einen niedrigen sozialen Rang. Oft handelte es sich um Sklaven oder Freigelassene, soweit es nicht Militärhandwerker waren.

Meßlatte des L. Alfius Statius.
Maßstab mit Unicialteilung des römischen Fußes

2 Fuß (pedales) = 59,2 cm
1 cubitus 1½ Fuß = 1 Elle = 44,4 cm
1 Fuß (pes) = 12 uniciae = 29,6 cm
½ Fuß = 6 unicia

2 Handbreiten (palmi)
1 Handbreite (palmus) = ¼ Fuß = 7,4 cm
1 unicia = 1/12 Fuß = 2,47 cm

nach: W. Gaitzsch

Abbildungen

oben: Schmiedeszene auf einem römischen Ringstein

Mitte: Schmied und Schmiedeknecht bei der Arbeit, Grabsteinrelief aus Aquileia

unten rechts: Werkzeuge aus dem Umkreis des Legionslagers in Xanten

Werkzeuge und Eisengewinnung im Mittelalter

Gegenüber der Römerzeit ging im frühen Mittelalter in Mitteleuropa die Nachfrage nach Eisen zurück. Die Germanen unterhielten weder ein stehendes Heer noch beschäftigten sie Stein- und Straßenbaufachleute. Dennoch gab es zahlreiche Schmieden, die in erster Linie für den lokalen und eigenen Bedarf produzierten.

Meist wurden wenig ergiebige Erzvorkommen, z.B. Raseneisenerze, abgebaut und das Eisen im Rennfeuer oder im Rennofen gewonnen. Bei diesem ältesten bekannten Verhüttungsverfahren wurde das Eisenerz in Erdgruben oder kleinen Schachtöfen aus Lehm und Stein mit glühender Holzkohle und unter starkem Luftzug erhitzt. Im Inneren des Rennofens bildete sich eine teigige, stark mit Schlacke und Holzkohle verunreinigte Eisenmasse, die Luppe, während die flüssige Schlacke herausrann. Nach dem Aufbrechen des Ofenmantels wurde der Eisenklumpen herausgenommen und durch Ausschmieden gereinigt. Das im Rennfeuer produzierte Eisen war weich und konnte unmittelbar verarbeitet werden.

In den Wald- und Bauernschmieden des Mittelalters wurden neben Haus- und Kriegsgerät auch die schon bekannten Grundtypen der Schmiedewerkzeuge hergestellt: Zangen, Hämmer, Ambosse, Feilen, Durchschläger, Drahtzieher, einfache Sägen, Äxte und Haken. Das Rennfeuerverfahren blieb über Jahrhunderte hinweg eine zuverlässige Basis für die Eisengewinnung und Werkzeugfertigung. In der Steiermark, in Böhmen, in Sachsen, im Harz, im Bergischen Land, im Elsaß sowie später auch in Holland, England und Schweden kristallisierten sich regelrechte Zentren der Eisenverhüttung und -verarbeitung heraus.

Im Hochmittelalter erhielt die Eisenproduktion besonders in Regionen mit hohem Bevölkerungszuwachs kräftige Impulse, was nicht zuletzt auf den Rüstungsbedarf der Ritterheere zurückzuführen war. Durch die Erhöhung der Ofenschächte auf zwei bis 2,50 Meter sowie die gleichzeitige Anwendung von Wasserrädern zum Antrieb von Blasebälgen zur Windzufuhr entstanden sogenannte Stücköfen, in denen man Luppen gewann, die in Hammerwerken zu Schmiedeeisen verarbeitet wurden. Eine weitere Erhöhung der Ofenwände auf vier bis sieben Meter Höhe führte im 14. Jahrhundert zu den ersten Hochöfen, Fluß- oder Flößöfen genannt. In diesen wurde flüssiges Roheisen (Gußeisen) gewonnen, dessen hoher Kohlenstoffgehalt durch frischen in Herdöfen soweit vermindert werden konnte, daß schmiedbares Eisen bzw. schmiedbarer Stahl entstand. Damit hatten auch die Werkzeugschmiede in genügendem Ausmaß geeignetes Ausgangsmaterial zur Verfügung.

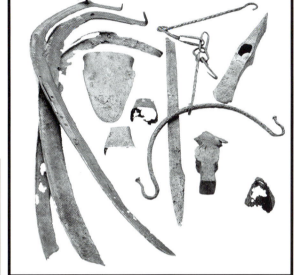

Eisengewinnung aus Raseneisenerz im Rennofen

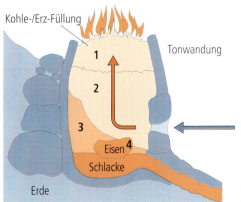

Kohle-/Erz-Füllung
Tonwandung
Öffnung für Blasebalg
1   300° – 500°
2   500° – 700°
3   700° – 1100°
4   1100° – 1300°
Eisen
Schlacke
Erde

nach: G. Magnusson

Abbildungen

oben links: Hammer, Schmiedezange und Feilen der Alemannen, Süddeutschland, Ende 6. Jh.

oben rechts: Werkzeuge (Dengelhammer, Dengelstock, Löffelbohrer) und Geräte (Sensen, Pflugschar, Viehkette, Viehglocke) alemannischer Bauern, 4. Jh.

Mitte links: Schiffszimmermann mit Beschlagbeil, 15. Jh.

Mitte rechts: Darstellung eines Stückofens, 16. Jh., nach Georg Agricola

unten rechts: Mittelalterlicher Rennofen

Werkzeuge der Neuzeit – Bohrer und Bohrerschmiede

Die mittelalterliche Eisengewinnung und -verarbeitung ging zu Beginn der Neuzeit, Anfang des 16. Jahrhunderts, in eine systematische Stahlproduktion über. Wasserradbetriebene Schmiedehämmer veredelten den aus den Hüttenbezirken, z.B. dem Siegerland, bezogenen Rohstahl zu hochwertigem Werkzeugstahl.

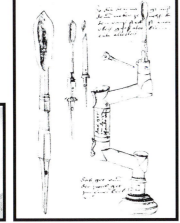

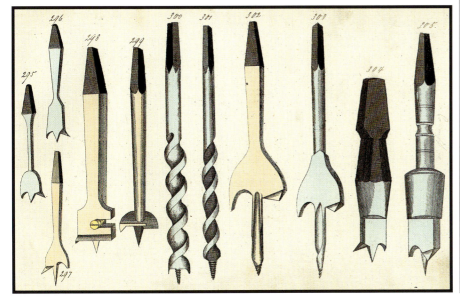

Der Raffinierstahl, der „Edelstahl" der damaligen Zeit, wurde durch wiederholtes Zusammenschweißen verschiedener Eisen- und Stahlsorten hergestellt. Die durch diesen Prozeß verbesserten Stahlqualitäten waren ganz auf den Verwendungszweck als Werkzeug-, Messer- oder Waffenstahl abgestimmt.

Waren es anfänglich noch überwiegend landwirtschaftliche Geräte, wie Hacken, Schälmesser, Sensen, Sicheln und auch Hobeleisen, die hergestellt wurden, begünstigten die neuen Stahlqualitäten im 18. und 19. Jahrhundert die vielseitigere, qualitativ hoch stehende handwerkliche Produktion von Handwerkzeugen. Kleinschmiede, wie Sägenschmiede, Beitel- und Meißelschmiede, Bohrerschmiede, Feilenschmiede und Feilenhauer, erhöhten ständig ihre Produktion.

Die Anfänge handwerklicher Bohrerproduktion lassen sich nicht mehr genau bestimmen. Schon seit der Steinzeit wurden Bohrer nicht nur als Handwerkzeuge benutzt, sie kamen vielmehr eingespannt in Bohrgeräten zum Einsatz. Bohrer besitzen Schneiden, die durch eine rotierende Schnittbewegung und eine Vorschubbewegung Späne abheben, so daß im Werkstück ein Loch entsteht.

Wurden im 18. und zu Beginn des 19. Jahrhunderts überwiegend Spitz- und Löffelbohrer hergestellt, so fanden nach 1820 verstärkt Wendel- und Schneckenbohrer ihre Abnehmer. Im Verlauf des 19. Jahrhunderts wurde ein Vielzahl von Bohrerarten produziert: Neben Spitz- und Löffelbohrern unter anderem Schweizer-, Zentrum- und Heftbohrer. Zu dem wichtigsten Bohrertyp entwickelte sich der Spiralbohrer.

Bis ins 20. Jahrhundert wurden die Bohrer weitgehend in Handarbeit hergestellt. Der Bohrerschmied schmiedete auf dem Amboß aus der Hand im Gesenk, später auch mit einfachen mechanischen Hämmern. Bei Schlangenbohrern wurde nach dem Ausschmieden der Bohrstange im glühenden Zustand die Spirale per Hand gedreht. Anschliessend schmiedete der Schmied sogenannte Augen für Handgriffe oder Vierkantkolben zum Einstecken in Bohrgeräte oder Bohrmaschinen an. Die Schneiden wurden ebenfalls von Hand herausgefeilt. Bis zur endgültigen Fertigstellung mußte der Bohrer danach gehärtet, angelassen und geschliffen werden.

Abbildungen

oben links: Schlangenbohrer, Remscheider Werkzeugkatalog, um 1880

oben Mitte: Brustleier mit Einstecklöffelbohrern und einem Wendelbohrer, Nürnberg, 1505

oben rechts: Handwerkliche Herstellung eines Schlangenbohrers, Fa. Peter Friedr. Mühlhoff, Remscheid, 1934

Mitte: Schlangen- und Zentrumbohrer, Remscheider Werkzeug-Musterbuch, nach 1850

Verschiedene Bohrerarten und Bezeichnung ihrer Teile

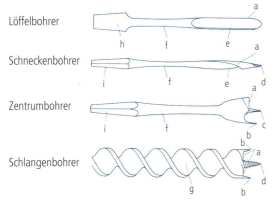

a Schneide
b Vorschneider
c Zentrierspitze (kantig)
d Gewindespitze
e Spanraum
f Schaft
g Förderwendel
h Flachkolben
i Vierkantkolben

nach: H.-T. Schadwinkel und G. Heine

Werkzeughandel

http://www.

Werkzeughandel im Wandel der Zeiten

Bindeglied zwischen Werkzeugherstellern und Werkzeuganwendern war und ist der Werkzeughandel. Seine Aufgabe besteht darin, einerseits für die Werkzeughersteller geeignete Kundenkreise und Absatzmärkte zu erschließen sowie andererseits Kundenbestellungen und -wünsche, etwa nach anderen oder verbesserten Werkzeugen, den Werkzeugherstellern zu übermitteln.

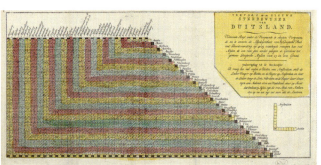

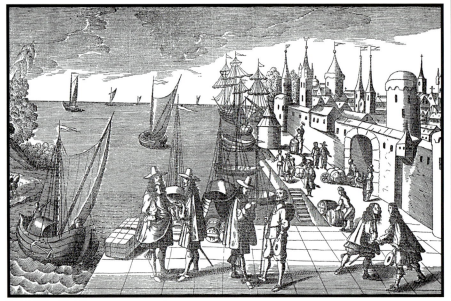

Der Eisenwaren- und Werkzeughandel war bereits im Mittelalter ein Fernhandel. Eine zentrale Rolle spielten hierbei die Fernhandelswege, an denen in Mittel- und Norddeutschland Hansestädte lagen. Große und wichtige Fernhandelsstraßen berührten damals sowohl den Remscheider als auch den Thüringer Raum mit Schmalkalden. In beiden Regionen wurde der Eisenwaren- und Werkzeughandel schon früh von Kaufleuten übernommen. In Schmalkalden entwickelte sich im 16. und 17. Jahrhundert ein besonderer Kaufmannsstand, der mit auswärtigen Märkten und Messen ständige Verbindungen pflegte. Auch in Remscheid entstanden in der Neuzeit aus Schmiede- und Hammerwerksbesitzern Kaufmannsdynastien. Remscheider Großkaufleute betrieben im 18. und 19. Jahrhundert einen intensiven Überseehandel. Das Handelshaus P. J. Diederichs und Söhne besaß um 1800 eigene Handelsschiffe, die auf den Weltmeeren kreuzten.

Eng verbunden mit der Kaufmannstätigkeit war teilweise die Verlegerrolle. Der Verleger/Kaufmann stellte den Kleinschmieden die für die Werkzeugproduktion erforderlichen Rohstoffe zur Verfügung. Gleichzeitig übernahm er den Absatz der Waren, wobei er den Preis weitgehend selbst bestimmte. Viele Kleinschmiede gerieten in die wirtschaftliche Abhängigkeit der Kaufleute, deren Reichtum sich in Remscheid in der Pracht ihrer repräsentativen Wohnhäuser widerspiegelte. Die Kleinschmiede waren ungeachtet der ärmlichen Verhältnisse, in denen sie häufig lebten, stolz auf ihre zumindest rechtlich selbstständige Stellung.

Im Zuge der Industrialisierung trat neben die Tätigkeit der Großhandelshäuser der Vertrieb durch die Werkzeugfabrik selbst. Der „Fabrikkaufmann", d.h. der reisende Unternehmer, Angestellte oder Handelsvertreter, zeichnete sich durch eine große Umsicht, Beweglichkeit und Anpassungsfähigkeit für ausländische Kulturen sowie die speziellen Anforderungen der Märkte aus. Neben dem direkten Vertrieb waren Messen, wie die großen Weltausstellungen, auf denen auch Remscheider Firmen vertreten waren, von großer Bedeutung.

Abbildungen

oben links: Vierrädriger Frachtwagen, 1502

oben rechts: Niederländische Wegmeilentabelle für den Handel zu Lande in Deutschland, Ende 18. Jh.

Mitte: Europäischer Seehandelshafen, 2. Hälfte des 17. Jh.

unten rechts: Typisches Kaufmannshaus, Haus Graber, Remscheid-Goldenberg, um 1910

Von Remscheid aus in alle Welt

Im 18. und 19. Jahrhundert prägten Großhändler den bergischen Werkzeug-Fernhandel. Sie kauften ihre Ware bei Kleinfabrikanten und Verlegern, deren Tätigkeiten sie oft auch noch selbst ausübten. Den Schwerpunkt ihrer Arbeit bildete jedoch der Absatz der Werkzeuge in aller Welt.

Mit ihren Handelsvertretungen im Ausland standen die Remscheider Großhandelshäuser den Exportfirmen in den Seestädten nahe. Das fast vollständig erhaltene Geschäftsarchiv der 1786 gegründeten Remscheider Ausfuhrfirma Johann Bernhard Hasenclever & Söhne weist in den Kopierbüchern für die ausgehende Post aus, daß schon vor 1800 Geschäftsbeziehungen in zahlreiche europäische Länder sowie nach Nord- und Südamerika bestanden. 1830 errichtete das Unternehmen eine eigene Niederlassung in Rio de Janeiro, 1835 folgte die Gründung eines Handelshauses in Buenos Aires sowie 1904 in New York.

Schon in der zweiten Hälfte des 18. Jahrhunderts vermittelte der Remscheider Kaufmann Peter Hasenclever (1716 – 1793) in seinen Lebenserinnerungen ein Bild der Kaufmannstätigkeit. Seine eigene Lebensgeschichte gibt ein Beispiel für den Kenntnisreichtum, die Praxisnähe, die Urteilskraft, den Wagemut und die Weltoffenheit bergischer Exportkaufleute. Nach Lehrjahren, die er als Kind in einem Hammerwerk verbrachte, begann Hasenclever mit 13 Jahren die kaufmännische Ausbildung. Es folgte der Eintritt ins väterliche Handelsgeschäft und mit 19 Jahren die erste Auslandsreise als Handelsvertreter nach Frankreich und Spanien. Über London führte ihn sein Weg nach Amerika, wo er 1764 mehrere Eisen- und Stahlwerke errichtete und – so heißt es in der amerikanischen Geschichtsschreibung – die New Yorker Handelskammer gründete.

Der Remscheider Kaufmann Josua Hasenclever (1783 – 1853) hat in seiner, Mitte des 19. Jahrhunderts erschienenen, Autobiographie die Praxis eines Remscheider Exporthauses beschrieben: Durch die Erfahrungen mit der Ausfuhr nach Übersee lernten die Exportkaufleute die Bedeutung der Sortimentzusammenstellung nach den Gegebenheiten des Einfuhrlandes sowie nach den speziellen Kundenwünschen als ausschlaggebend für den Erfolg kennen.

Abbildungen

oben links: Peter Hasenclever, Remscheider Exportkaufmann (1716 – 1793)

oben Mitte: Josua Hasenclever, Remscheider Exportkaufmann (1783 – 1853)

oben rechts: Handelsniederlassung des Remscheider Werkzeug-Exporthauses Robert Böker, Mexiko, um 1900

Mitte: Werkzeugversand, Packstube Remscheid, um 1952

unten links: Geschäftsbrief einer Remscheider Handelsvertretung im Ausland, 1920

unten rechts: Werkzeugmusterkiste, Fa. J. D. Schmidt & Lohmann, Remscheid, um 1900

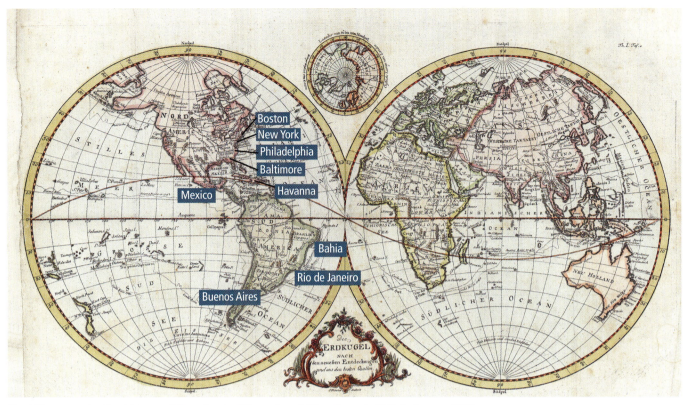

Geschäftspartner des Handelshauses Johann Bernhard Hasenclever&Söhne, Remscheid-Ehringhausen, 1825

Verkaufsraum der Handelsniederlassung des Remscheider Werkzeug-Exporthauses Robert Böker & Co, Mexiko-City, 1900

Musterbücher und Werkzeugkataloge

Mit dem Beginn der Industrialisierung veränderten sich auch die Formen des Absatzes der Eisen- und Stahlerzeugnisse. Die direkte Warenpräsentation wurde allmählich abgelöst von Musterschauen, auf denen die Werkzeughändler ihr Angebot mit Warenmustern vorstellten.

Vor allem der Fernhandel führte dazu, daß aus Gewichtsgründen oft nicht einmal Werkzeugmuster, sondern nur Zeichnungen und Abbildungen der Produkte dem Kunden vorgelegt wurden. Solche Musterkarten wurden um 1800 in handgezeichneten und -kolorierten Musterbüchern zusammengefaßt. Das Musterbuch ermöglichte dem Kaufmann und Reisenden eine bessere Übersicht über die Waren, wie auch über seine Liefertermine, Preise und Absprachen mit dem Kunden.

Musterkarten und handgezeichnete Musterbücher für den Werkzeugverkauf sind im bergischen Raum seit Anfang des 19. Jahrhunderts nachweisbar. Erster Remscheider Musterkartenzeichner war Johann Peter Arns (1766 – 1826), dessen Brüder und Söhne bis in die 1850er Jahre hinein Musterbücher zeichneten. Zum wohl bedeutendsten Drucker von Musterbüchern in Remscheid wurde Ernst Vossnack, der in den USA das Lithogra-phenhandwerk erlernt hatte. 1865 gründete er eine „Lithographische Anstalt und Steindruckerei" und spezialisierte sich dabei auf den Druck von Werkzeug-Musterbüchern. Auf der Weltausstellung 1873 in Wien präsentierte Vossnack sein heute noch erhaltenes „Musterbuch in Eisen- und Stahlwaren".

Seine einzelnen Musterblätter bildeten in ausgezeichnetem Druck die Artikel ab, so daß jedem Hersteller oder Verkäufer ein spezielles Musterbuch, die „bergische Bibel", zusammengestellt und, individuell gestaltet, gedruckt werden konnte. Dafür hielt er, wie auch andere Druckereien und Handelshäuser, eine umfangreiche Druckstock-Sammlung auf Lager.

Im Gegensatz zu den Musterbüchern handelte es sich bei Katalogen von vornherein um ausführlichere Druckschriften. Neben der Abbildung wiesen sie eine Artikelbeschreibung auf, mitunter auch Hinweise zum Gebrauch der jeweiligen Werkzeuge. Zudem wurden sie in fremdsprachlicher Fassung für verschiedene Auslandsmärkte zusammengestellt. Die Verwendung von Katalogen als Angebots-, Bestell- und Verkaufshilfen hat sich in der Werkzeugindustrie bis in die Gegenwart bewährt.

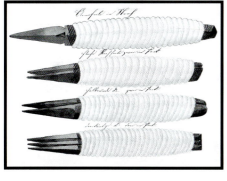

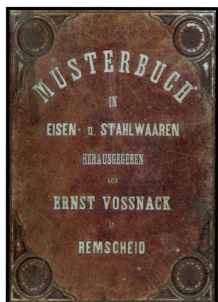

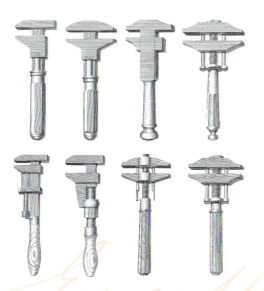

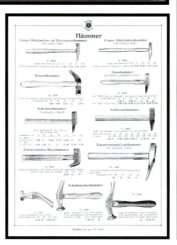

Abbildungen

oben links: Strohfeilen (Packfeilen) für den Versand in Strohseile eingewickelt, Musterbuch über Raspeln und Feilen, Remscheid, um 1800

oben rechts: Musterbuch der Lithographischen Anstalt Ernst Vossnack, Remscheid (Ausstellungsexemplar, Weltausstellung Wien 1873)

unten links: Verstellbare Schraubenschlüssel aus dem „Musterbuch in Eisen- u. Stahlwaren" herausgegeben von Ernst Vossnack in Remscheid, 1873

unten rechts: Werkzeugkatalog der Fa. H. W. Scherer, Schmalkalden, 1927

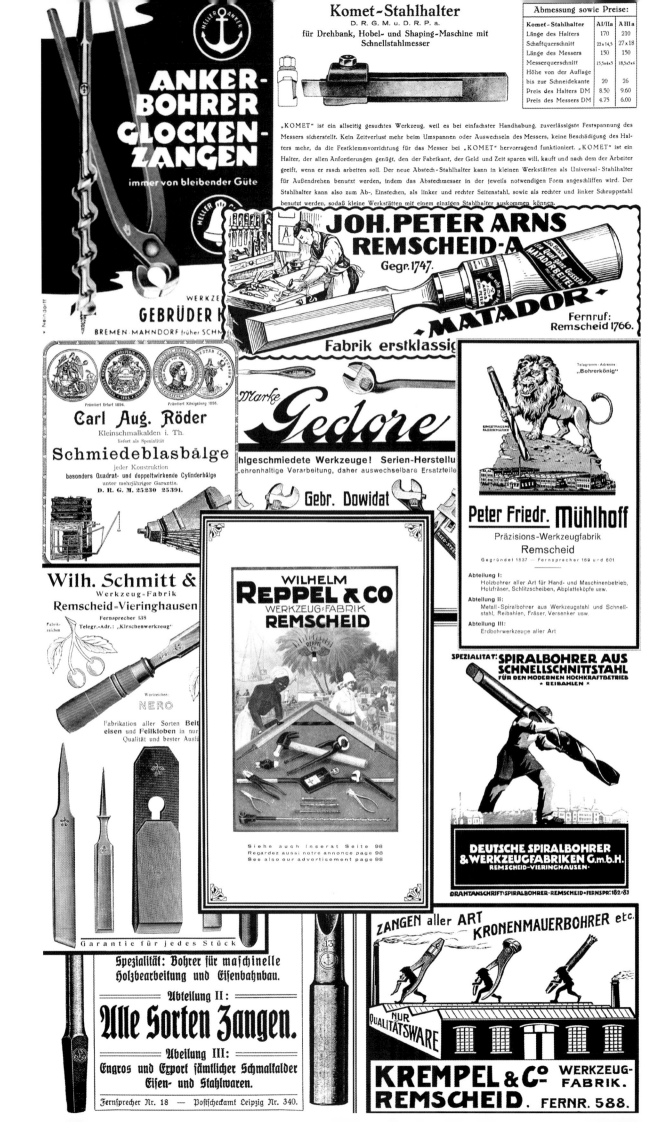

Werkzeughandel im Computerzeitalter

Werkzeugkataloge von Herstellern, Fachhandel und Versandhäusern bilden auch im Computerzeitalter die Grundlage für den Werkzeughandel. Mit dem Fortschritt der Drucktechniken sind die Kataloge aktueller und informationsreicher geworden.

Eine wesentliche Veränderung hat die Technik der Katalogzusammenstellung erfahren. Die erforderlichen Daten werden in computergestützten Datenbanken archiviert und können für die Gestaltung des Kataloges einzeln abgerufen werden. Die Werkzeuge können so detailliert, maßstabgerecht und informativ gestaltet abgebildet werden. Genaue Beschreibungen und Spezifizierungen nach Preis, Lieferbedingungen, Anwendungsbereichen und Werkzeugarten sind ebenso möglich wie Angaben zu notwendigen technischen Vorgaben oder die Auflage fremdsprachlicher Ausgaben. Die Fortschritte der Informationstechnologie haben auch im Werkzeughandel zu neuen Formen der Kommunikation, dem elektronischen Datenaustausch (EDI), geführt. Neben CD-ROM und Internet symbolisiert der Begriff EDIFACT diese Entwicklung in der Werkzeugbranche. Die CD-ROM kann hier als Übertragung eines Werkzeugkataloges auf ein festes Computerdatenmedium verstanden werden. Die Anwender, sowohl der Endverbraucher, als auch die Werkzeug nutzende Wirtschaft, können mit Hilfe der eigenen Hardware Informationen gewinnen und je nach Softwareausstattung sofort verarbeiten. Weitergehendere Möglichkeiten bietet das Internet. Interaktiv heißt, daß im gegenseitigen „Gespräch" die aktuellsten Informationen über Werkzeuge weltweit und zu jeder Zeit abgerufen und herausgegeben werden können.

EDIFACT stellt einen internationalen Übertragungsstandard für den reibungslosen Datenaustausch dar. Die deutsche Werkzeugindustrie und der mit ihr verbundene Werkzeughandel haben sich mit ihren Geschäftspartnern in großer Mehrheit für diese Kommunikationsnorm entschieden. Unabhängig von zukünftigen Entwicklungen: An einem einheitlichen Warenwirtschaftssystem und einem einheitlichen System des elektronischen Datenaustausches (EDI), dem Hersteller und Handel gleichermaßen angeschlossen sind, geht in der Werkzeugbranche kein Weg vorbei.

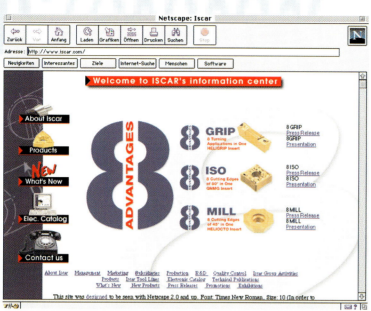

EDIFACT-Anwendungen

Beschaffung/Vertrieb
- Anfrage
- Angebot
- Bestellung
- Bestätigung
- Preis/Artikeldaten
- Rechnung

Lager/Versand
- Lieferschein
- Frachtbrief
- Feinabrufe

Finanzen
- Zahlungsavis
- Rechnungen
- Gutschriften

Produktion
- Lieferplan
- Abrufe

Qualitätssicherung
- Prüfberichte

Beziehungen Handel/Industrie

Handel	Industrie
Anfrage	→ Angebot
Bestellung / Bestelländerung / Stornierung	→ Auftragsbestätigung
	Lieferavis
	Lieferschein
	Spediteurmeldung
Liefermahnung ←	
	Rechnung / Zahlungsmahnung
Zahlungsanweisung	
Lagerhaltung	
Kommissionslager	
Lagerabgang im Verkauf	
Abverkaufsmeldung	

Abbildungen

oben: www-Seite (Internet) der Fa. ISCAR, Hartmetall GmbH, Ettlingen, März 1998

Mitte links: EDIFACT-Anwendungen, 1996

Mitte rechts: Korrespondenzbeziehung zwischen Industrie/Handel, 1996

unten rechts: Remscheider Sägenexport, Fa. EDESSÖ-Werk Remscheid, 1997

Werkzeugform – Werkzeugfunktion

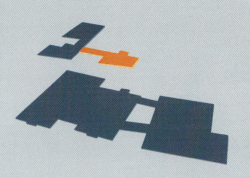

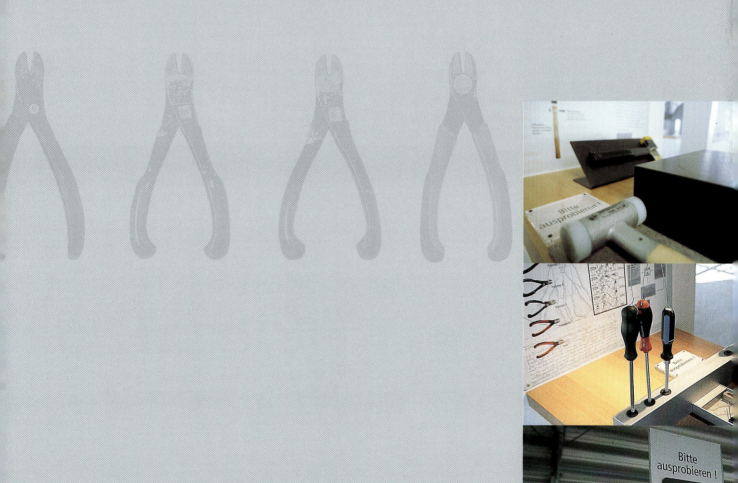

Dekoratives Werkzeug

Werkzeuge sind Gebrauchsgegenstände. Ihre Form wird im Wesentlichen durch ihre Funktion bestimmt. Das gilt vor allem für Handwerkzeuge, die heute so gefertigt werden, daß ihre oft runden, weichen und fließenden Formteile und Übergänge der Anatomie und Ausformung der menschlichen Hand entsprechen.

Die Auffassung, daß sich die Ästhetik und das Design von Werkzeugen aus der vollendeten Umsetzung ihrer Funktion in eine angemessene Form ergeben, hat sich erst seit dem ausgehenden 19. Jahrhundert allgemein durchgesetzt. Die Schönheit von Werkzeugen früherer Jahrhunderte wurde nach anderen Kriterien gemessen. Werkzeuge jener Zeit waren oft mit reichen Dekorationen und Verzierungen versehen, einzelne Teile des Werkzeugs sogar als allegorische Figuren oder Tiere ausgebildet. Löwenmäuler und -tatzen, Delphine, Gesichtsfratzen, Menschen, Blattwerke, Bänderwerke und Voluten waren durchaus übliche Dekore und Formteile von Werkzeugen des 15. bis 18. Jahrhunderts. Diese Werkzeuge spiegelten Stilformen und Stilempfinden ihrer Zeit wider und folgten Ornamenten der zeitgenössischen Architektur, Skulptur oder Malerei. Die Kunstform und die schönen Verzierungen des späten Mittelalters und der Neuzeit schränkten die Werkzeuge in ihrer Nutzung jedoch keineswegs ein. Vielmehr war es so, daß „die meisten dieser kleinen Kunstwerke einer Prüfung nach technischen Gesichtspunkten einer statisch guten Form und richtigen Dimensionierung völlig" standhielten (W. Berndt, 1977). Es gab jedoch auch Werkzeuge, für die dies nicht galt, da sie keine Material bearbeitende Funktion hatten. Prunkwerkzeuge der Handwerksorganisationen (Zünfte) oder Zeremonialwerkzeuge von Fürsten beispielsweise waren nur für demonstrative und repräsentative Zwecke gedacht. Bei den mit reichem Dekor ausgestatteten Werkzeugen früherer Jahrhunderte handelte es sich um handwerklich gefertigte Einzelstücke. Oft trugen sie die Initialen bzw. den Namen eines Besitzers, zeigten das Zeichen ihres Herstellers oder wiesen die Jahreszahl ihrer Entstehung auf. Techniken zur Verzierung eines Werkzeuges waren das Gravieren, das Ätzen mit Säure, das Tauschieren (Eingraben von Vertiefungen, die mit Messing, Silber oder Gold gefüllt wurden), das Schmieden oder Treiben sowie bei hölzernen Werkzeugteilen auch das Schnitzen.

Abbildungen

oben links: (Gesamtansicht und Detail): Nagelzange, Dekor ziseliert, um 1600

oben rechts: (Gesamtansicht und Detail): Schraubenschlüssel, Dekor geätzt, um 1600

Mitte: Schlichthobel, Dekor geätzt, Nürnberg, um 1570

unten links: Holzbohrer, Griff-Dekor geschnitzt, Nürnberg, um 1600

unten rechts: Schraubstock, Dekor geätzt, Nürnberg, um 1570

Werkzeugfunktion im Spiegel historischer Abbildungen

Die bildliche Darstellung von Werkzeugen in den Werkstätten der Handwerker beruht auf einer langen Tradition. Die Handwerkzeuge werden dabei nicht nur als ästhetische und schöne Schaustücke gezeigt, sondern in der historischen Dimension auch als wesentliche Bestandteile des technischen und sozialen Umfelds ihrer Zeit.

Mit dem Aufstieg der freien, städtischen Handwerker im Mittelalter erfuhr die handwerklich-technische Arbeit eine höhere Bedeutung und Bewertung im Bewußtsein der Menschen. In Analogie zu den sieben freien Künsten umfaßte die „mechanica" die sieben mechanischen Künste. Berühmte und weniger bekannte Künstler verwendeten diese immer wieder als Motive für Holzschnitte, Kupfer- und Stahlstiche, später für Lithographien. Die zeitgenössischen Darstellungen, die die Handwerker bei der Arbeit in ihren Werkstätten zeigen, dienen der Werkzeugforschung als hervorragende Quelle. Die früheste gedruckte Darstellung der sieben mechanischen Künste findet sich in Gestalt von kolorierten, ausdrucksvollen Holzschnitten, unter anderem des Schmiedes, des Wollwebers und des Chirurgen, im „Spiegel menschlichen Lebens" des Rodericus Zamorensis (dt. Ausgabe Augsburg, um 1475). Ein einzigartiges Zeugnis der spätmittelalterlichen und frühneuzeitlichen Handwerkstechnik bildet das berühmte „Hausbuch der Mendelschen Zwölfbrüderstiftung zu Nürnberg". Die Chronik, die auf den Kaufmann Maquard Mendel (um 1430) zurückgeht, stellt über einen Zeitraum von 160 Jahren 327 Handwerker in Ausübung ihres Berufes in Wort und Bild vor. Einblicke in die damalige Welt des Handwerks vermittelt auch der Schweizer Jost Amman (1539 – 1591), der seit 1560 in Nürnberg lebte, in seinem „Ständebuch" (Frankfurt/Main, 1568). In dem Werk, das neben 114 Holzschnitten Ammans sprachlich deftige Verse des Nürnberger Schusters und Dichters Hans Sachs (1474 – 1576) enthält, gipfelt die Holzschnittkunst des 16. Jahrhunderts. Ein Höhepunkt künstlerischer Handwerks- und Werkzeugdarstellung sind die „Esslinger Bilderbögen", auch Esslinger Berufskundebögen genannt. Sie wurden ab 1841 von J. F. Schreiber, Verlag in Esslingen am Neckar, in mehreren Auflagen herausgegeben.

Abbildungen

oben links: Schmiede, nach Rodericus Zamorensis, Datierung um 1475

oben rechts: Wagner, nach Jost Amman, 1568

Mitte: Schusterwerkstatt, Ende 16. Jh.

unten links: Pflasterer, Mendelsche Zwölfbrüderstiftung, um 1456

unten rechts: Zimmerleute, nach Weiß-Kunig Maximilians I., um 1510

 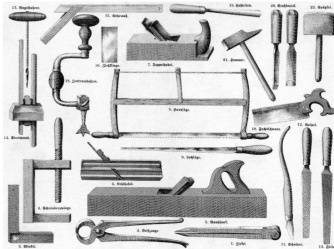

Der Möbel- und Kunsttischler und sein Werkzeug
(1875)

 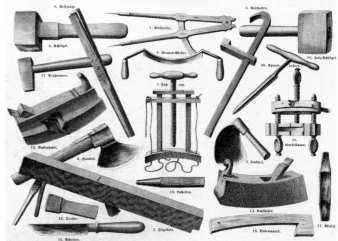

Der Küfer und sein Werkzeug
(1875)

 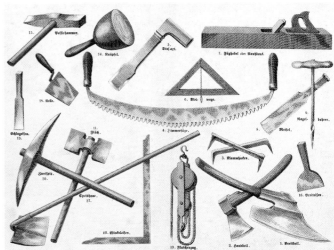

Die Bauhandwerker (Zimmermann, Steinmetz und Maurer) und
ihre Werkzeuge (1875)

Esslinger Bilderbögen: „Arbeitsstätten und Werkzeuge der wichtigsten Handwerker", Verlag von J. F. Schreiber, Eßlingen bei Stuttgart

Ergonomie und Ergo-Werkzeuge

Ziel der Ergonomie ist die bestmögliche Anpassung des gesamten Arbeitsplatzes, wie Werkzeug, Maschinen, Arbeitsablauf und Arbeitsumgebung an den arbeitenden Menschen. In dieser jungen Wissenschaft müssen Erkenntnisse von Human- und Arbeitswissenschaften sowie der Fertigungslehre zusammenfließen, um eine optimale Arbeitssituation sowie Produktqualität zu erzielen. Nur in dem interdisziplinären Miteinander von beispielsweise medizinischer Psychologie, Arbeitsmedizin, Soziologie, betriebswirtschaftlichen Überlegungen, angewandter Technik und Industriedesign kann eine praktische, produktionsgerechte und zugleich menschengerechte Lösung für die Gestaltung des Arbeitsplatzes gefunden werden.

Die Ergonomie hilft, Arbeitssituationen, die zu einer hohen Belastung des Anwenders führen, zu erkennen und zu vermeiden. Um Berufskrankheiten, wie Haltungsschäden, Schwerhörigkeit, Muskel- und Gelenküberlastungen, vorzubeugen, werden moderne Arbeitsplätze zunehmend auf die Bedürfnisse und typischen Arbeitsprozesse der Benutzer ausgerichtet. Damit alle Beschäftigten ergonomisch richtig arbeiten können, ist hier ein hohes Maß an Anpassungsfähigkeit und Flexibilität gefordert. Im Idealfall wird ein einfaches, sicheres und ermüdungsfreies Arbeiten ermöglicht. Nur so lassen sich auf lange Sicht Berufskrankheiten und daraus entstehende Kosten reduzieren. Mit den verbesserten Arbeitsbedingungen wachsen dann auch Produktivität und Produktqualität.

Ein zentraler Aspekt der Verbesserung von Arbeitsbedingungen ist daher der Einsatz ergonomisch gestalteter Werkzeuge. Ziel der Entwicklung von Ergo-Werkzeugen ist eine anwendungsorientierte Optimierung von Funktion und Handhabung. Bei kleinstmöglicher Belastung des arbeitenden Menschen soll gleichzeitig die größtmögliche Wirkung erzielt werden. So werden Form und Materialien (Griff-, Bedienelemente- und Gehäusegestaltung), Gewicht (Handhabung) und Gewichtsverteilung (Schwerpunkt und Balance) und Anwendungsparameter (z.B. Geräuschentwicklung, Vibrationen, Staub- und Funkenbildung) des jeweiligen Werkzeuges, aufeinander abgestimmt, aus ergonomischer Sicht optimiert. Beispielsweise wird die Übertragung mechanischer Schwingungen und Stöße bei ergonomischen Werkzeugen vermindert oder vollständig ausgeglichen. Eine ergonomische Werkzeuggestaltung richtet sich also immer nach der Entsprechung des menschlichen Maßes und der optimalen Funktion und Wirksamkeit zugleich.

Ergonomie hat, wie der aktuelle technische Standard und ein marktfähiger Preis, für die Anwendungsqualität und den geschäftlichen Erfolg von Werkzeugen zunehmend eine entscheidende Bedeutung.

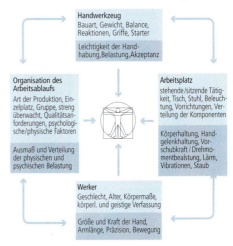

Abbildungen

oben: Ergonomische Gestaltung eines Schraubendrehergriffes, Fa. Wiha, 1996

Mitte: Drehmomentmessung an Schraubendrehermodellen, Fa. Wiha, 1996

unten links: Umfassungs- und Zufaßgriffarten der menschlichen Hand, 1975

unten rechts: Mensch–Werkzeug–Arbeitsplatz–Arbeitsorganisation, Fa ATLAS Copco, 1997

Entwicklungsreihe einer Ergo-Zange

Prototyp 1
Prototyp 2
Prototyp 3
Prototyp 4
Prototyp 5
Prototyp 6
Serie

Der sichere Gebrauch von Handwerkzeugen

Gutes Werkzeug hilft dem Menschen bei der Arbeit. Dabei gefährdet es den Anwender nicht. Dies gilt für alle Werkzeuge. Insbesondere bei den Handwerkzeugen spielt die Sicherheit wegen des unmittelbaren Körperkontaktes zum Menschen eine große Rolle. Die größtmögliche Handhabungssicherheit muß deshalb für jeden Produzenten von Handwerkzeugen eines der herausragenden Qualitätsziele sein.

Jährlich werden den gewerblichen Berufsgenossenschaften weit über 100 000 Unfälle angezeigt, die in Verbindung mit Handwerkzeugen eingetreten sind. Noch sehr viel höher dürfte die Zahl der Schadensfälle im privaten Bereich sein. Hier kommt es häufig zu schwerwiegenden Unfällen.

In welchem Maße Mängel am Werkzeug oder menschliches Fehlverhalten Ausgangspunkt solcher Unfälle sind, ist noch nicht exakt untersucht worden. Trotzdem gilt: Das Werkzeug spielt hier eine entscheidende Rolle. Gutes Handwerkzeug muß „handhabungssicher" sein. Viel zu oft werden vor allem dem Heimwerker und der Heimwerkerin Werkzeuge mit mangelhafter Handhabungssicherheit angeboten. Häufig werden nicht einmal die gesetzlichen Mindestanforderungen erfüllt. Bereits bei der Anschaffung von Werkzeug sollte auf gute Qualität geachtet werden. Als Kriterien dafür nennt die Arbeitsgemeinschaft der Metall-Berufsgenossenschaften:

– Angabe einer DIN-Norm auf dem Handwerkzeug
– Angabe des Produzenten/Herstellers
– GS-Zeichen
– handgerechte Form der Griffe
– richtige Härte der beanspruchten Flächen / Teile

Besonderes Vertrauen kann der Herstellermarke entgegengebracht werden. Hier übernimmt der Produzent bewußt die Verantwortung für die Qualität und Sicherheit seiner Produkte gegenüber dem Verwender. Im Fachverband Werkzeugindustrie e.V., Sitz Remscheid, sind solche Produzenten zusammengeschlossen.

A B C

Wegen des erforderlichen Verschleißwiderstandes müssen Schlagwerkzeuge sehr hart sein (**A** = zu weiche Werkzeuge).
Durch das Härten des Stahles vermindert sich aber seine Zähigkeit, was im Extremfall zu gefährlichen Absplitterungen (**B**) führen kann.

Optimale Abstimmung von Härte und Zähigkeit sowie exakte Härteverteilungen und Einhärtetiefen sind Voraussetzungen für ein sicheres Schlagwerkzeug (**C**).

§ 3 Gerätesicherheitsgesetz

(1)
Technische Arbeitsmittel dürfen nur in den Verkehr gebracht werden, wenn sie nach den allgemein anerkannten Regeln der Technik sowie den Arbeitsschutz- und Unfallverhütungsvorschriften so beschaffen sind, wie es die Art der bestimmungsgemäßen Verwendung gestattet.

DIN-Normen gehören zu den „allgemein anerkannten Regeln der Technik". Ihre sicherheitstechnischen Inhalte beschreiben deshalb die gesetzlichen Mindestanforderungen.

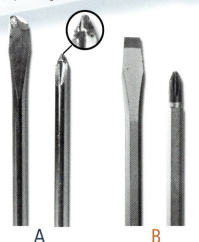

A B

Schraubendreher, die vor Erreichen des in der Norm angegebenen maximalen Drehmomentes versagen (**A**), stellen eine Verletzungsgefahr dar.
Qualitativ hochwertige Schraubendreher (**B**) sind weit über die Normwerte hinaus belastbar.

Diese Fehler sind vermeidbar
– Die Zange ist weder Hammer noch Schraubenschlüssel
– Die Feile ist kein Brecheisen
– Der Schraubendreher ist kein Stemmwerkzeug
– Der Schraubenschlüssel ist kein Schlagwerkzeug
– Der Hammer ist kein Brecheisen
– Stahlhämmer nicht aufeinanderschlagen

Der Hammer

Seit frühgeschichtlicher Zeit ist der Hammer das Schlagwerkzeug an sich. Neben Handhämmern wie Fäustel, Zimmermannshammer und Holzhammer gibt es heute auch pneumatisch und elektrisch betriebene Hämmer (Preßluft- und Elektrohämmer).

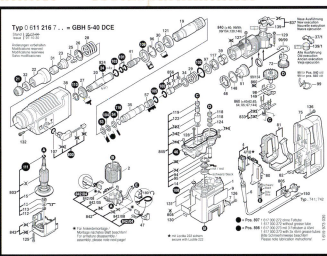

Zuordnungssicherheit: Farbliche Trennung nach Shore-Härte.

Funktionssicherheit: Alle Teile sind selbstsichernd miteinander verbunden.

Verbindungssicherheit: Nuten im Hammerkopf und Stege in der Schale sichern absolute Verbindungen.

Belastungssicherheit: Die Schraube ist durch den Stiel geführt und mit selbstsichernder Mutter verbunden.

Griffsicherheit: Ergonomischer Griff mit spezieller (Anti-Rutsch) Oberfläche.

Abbildungen

oben: Explosionszeichnung Bohrhammer, Fa. Bosch, Stuttgart, 1998

Mitte links: Schonhammer im Einsatz, Fa. Halder, norm+technik, 1998

Mitte rechts: Meißelhammer im Einsatz, Fa. Atlas Copco, 1998

unten: Bauteile eines Schonhammers, Fa. Wiha, 1998

Ein Handhammer besteht aus Hammerkopf, Hammerstiel und Verbindungsteilen. Aus ergonomischer Sicht sind der Stiel als Griffbereich und der Hammerkopf als Wirkbereich die wichtigsten Bauteile.

Bei den Handhämmern ist über die Jahrhunderte hinweg eine große Vielfalt an Form-, Material- und Gewichtstypen entstanden. Stiele und Köpfe der Hämmer haben eine jeweils anwendungsspezifische Ausprägung erfahren. Im Gebrauch erfolgte zudem oft eine individuelle Anpassung durch und an den Benutzer.

Im Zeitalter der Serienproduktion liegt der Schwerpunkt der ergonomischen Gestaltung von Hämmern neben den funktionsorientierten Aspekten Kraftschluß, Dämpfung und Arbeitssicherheit, in einer universellen Ausformung des Griffes. Ein optimierter Querschnitt des Griffes, das Material und die Oberfläche schaffen Formschluß von Hand und Griff auch bei unterschiedlichsten Handgrößen. Verlustfreie Kraftübertragung, richtungsorientiertes Arbeiten, rutschsicherer Einsatz bei gleichzeitiger Schlagdämpfung sind das Ergebnis. Neben der richtigen Gewichtsverteilung zwischen Stiel und Hammerkopf kommen gewichtsmindernde Materialien, wie Aluminium und Kunststoff sowie rückschlagfreie Hammerköpfe, zum Einsatz – mit möglichst geringem Aufwand soll die größtmögliche Wirkung erzielt werden.

Bei maschinellen Hämmern ersetzt ein pneumatischer oder elektrischer Antrieb die Schlagfunktion, der Mensch übernimmt das Halten und Führen des Werkzeugs. Hier stehen die Optimierung der Griff- und Bedienelemente, des Werkzeugschwerpunkts, die Gewichtsminderung und Schwingungs- und Geräuschminderung im Mittelpunkt der ergonomischen Gestaltung.

Eine sowohl Anwender- als auch anwendungsspezifische Variabilität des Werkzeugs wird durch schwenkbare Griffe und praxisgerecht angeordnete Bedienelemente erzielt. Die durch den maschinellen Antrieb des Hammers sowie die im Arbeitsprozeß selbst erzeugten Schwingungen und Vibrationen werden durch gedämpfte Griffe, laufruhige Motoren und Schlagwerke mit hoher Eigendämpfung reduziert. Die Vibrationsdämpfung des Hammers führt auch zur Senkung des Geräuschpegels. Schäden des Gehörs können heute daher genauso vermieden werden wie Beeinträchtigungen von Augen und Atemwegen durch direkte Absaugung entstehender Stäube.

Im Gegensatz zum Handhammer, bei dem Stiel und Kopf eine Einheit bilden, können bei vielen angetriebenen Hämmern verschiedene Werkzeugköpfe eingesetzt werden. Mit nur einer Maschine wird dadurch eine Vielzahl von Anwendungen ermöglicht.

Beide, Ergo-, Hand- und Maschinenhämmer, zeichnen sich durch einfacheres, sichereres und ermüdungsfreieres Arbeiten aus.

Bosch-Hammer EW/UH 2 (1935)

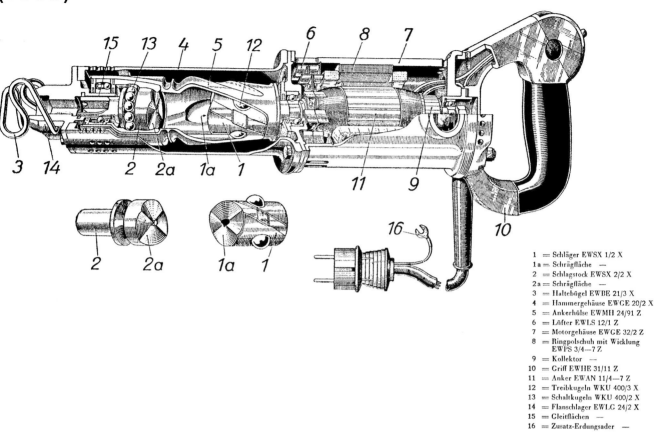

1 = Schläger EWSX 1/2 X
1a = Schrägfläche —
2 = Schlagstock EWSX 2/2 X
2a = Schrägfläche —
3 = Haltebügel EWBE 21/3 X
4 = Hammergehäuse EWGE 20/2 X
5 = Ankerhülse EWMH 24/91 Z
6 = Lüfter EWLS 12/1 Z
7 = Motorgehäuse EWGE 32/2 Z
8 = Ringpolschuh mit Wicklung EWPS 3/4—7 Z
9 = Kollektor —
10 = Griff EWHE 31/11 Z
11 = Anker EWAN 11/4—7 Z
12 = Treibkugeln WKU 400/3 X
13 = Schaltkugeln WKU 400/2 X
14 = Flanschlager EWLG 24/2 X
15 = Gleitflächen —
16 = Zusatz-Erdungsader —

Bohrhammer GBH/5/40 DCE (1990)

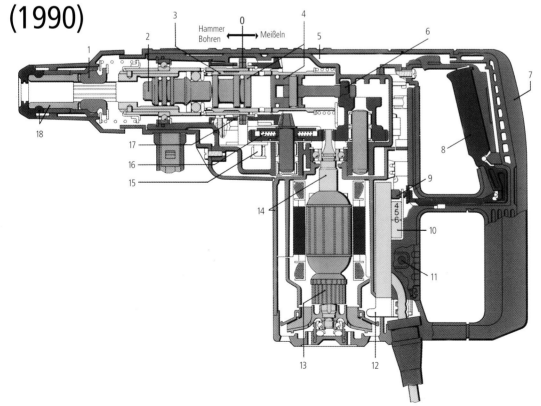

1 SDS-max Werkzeugaufnahme
2 Schlagbolzen
3 Hülsensteuerung für Leerschlagstopp und Sanftanlauf
4 Schlagwerk mit Leichtkolben
5 Schlagwerk-Kühlsystem
6 Exzenter
7 schwingungsdämpfende Ummantelung
8 Totmannschalter
9 Totmannschalter
10 Constant-Electronic
11 Service-Display
12 Tachogenerator
13 Abschaltkohlen
14 Schutzisolation
15 synchronisierter Drehstopp
16 Sicherheits-Ausrastkupplung
17 Vario-Lock
18 geschlossener Werkzeughalter

Zentren der deutschen Werkzeugindustrie

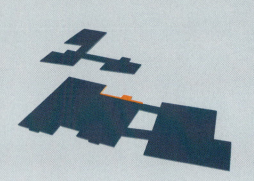

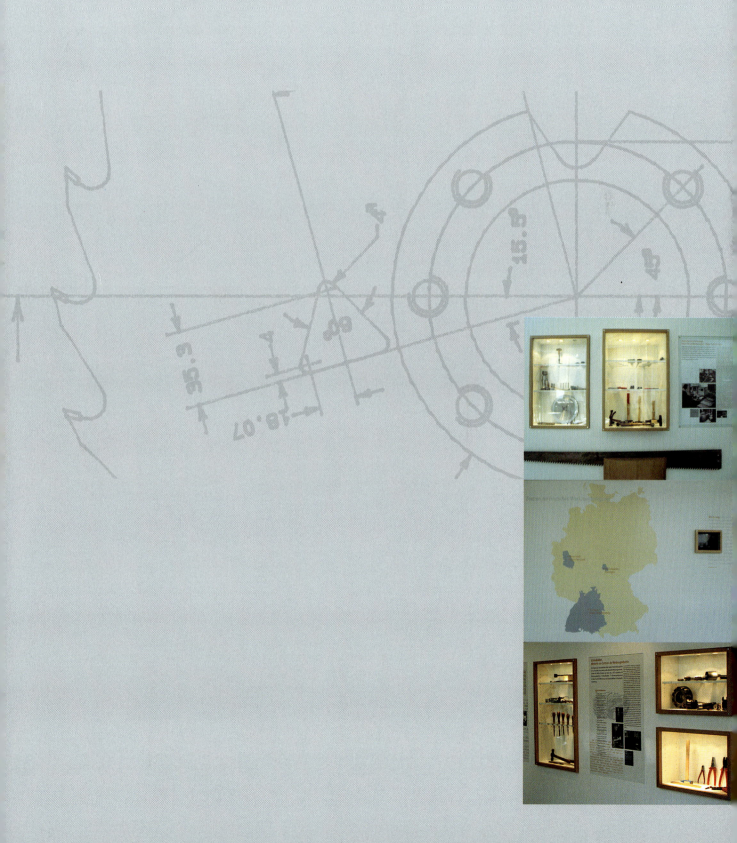

Schmalkalden/Thüringen

Auf der Grundlage reichhaltiger Erzvorkommen, des Waldreichtums und der Wasserkraft begannen bereits im frühen Mittelalter in der Region um Schmalkalden die Entwicklung des Eisenerzbergbaus und die anschließende Bearbeitung durch Verhüttung und Schmieden. Seit dem 15. Jahrhundert erlangte die Stadt und Kreisherrschaft Schmalkalden mit ihrer Werkzeugfertigung überregionale Bedeutung. Hoch qualifizierte Handwerker mit strenger Zunftordnung (1408 bereits vier Schmiedezünfte) fertigten eine Vielzahl von Handwerkzeugen, besonders Hämmer, Zangen, Sägen, große Bohrer, Meißel und Messer.

Gut organisierte Kaufleute nutzten die günstige Lage an Handelsstraßen nach Leipzig, Frankfurt, Nürnberg für den Vertrieb. Das Schmalkalder Kleineisen- und Werkzeuggewerbe blühte bis in die Zeit des 30-jährigen Krieges. Danach setzten wirtschaftliche Schwierigkeiten ein. Mit Beginn der Industrialisierung nach 1850 gelang es Schmalkalden, einen bedeutenden Teil deutscher Werkzeugproduktion an sich zu ziehen. 1921 stellten rund 3000 Beschäftigte in 60 industrienahen Klein- und Mittelbetrieben das traditionelle Werkzeugsortiment her: Zangen, Hämmer, Feilen, Bohrer, Ahlen und Striegel, Schraubendreher und Schraubenschlüssel. Stark ausgeweitet wurde die Erzeugung weiterer Kleineisenwaren, wie Korkenzieher, Locken- und Frisierzangen, Pinzetten, Gemüseraspeln und Kopierrädchen. In dieser Zeit wurden zahlreiche technologische Neuerungen von Schmalkalden aus in die Werkzeugfertigung eingeführt.

Abbildungen

oben links: Schmalkalden, Stadtansicht von Westen, um 1900

oben rechts: Ausstellungsstand der Fa.R. Peters, Schmalkalden, um 1930

links: Jugendliche in einer Schmalkaldener Metallwarenfabrik, um 1900

unten: Betriebsanlagen an der Hammermühle der Fa. H.A Erbe AG Metallwarenfabrik Schmalkalden, um 1930

Schmalkalden – weiterhin ein Zentrum der Werkzeugindustrie

Die Region um Schmalkalden blieb neben Remscheid auch im 20. Jahrhundert das zweite große deutsche Werkzeugzentrum. Firmen mit Weltruf hatten hier ihren Sitz. 1937 existierten 44 Werkzeugfabriken in Schmalkalden, 27 Hämmerproduzenten in Asbach und 56 Werkzeug- und Zangenfabriken in Steinbach-Hallenberg.

Zu einer wesentlichen Erweiterung der traditionellen Werkzeugfertigung kam es 1931 mit dem Produktionsbeginn hartmetallbestückter Werkzeuge (HM-Werkzeug). Bereits im Jahre 1945 begann eine radikale Enteignungswelle, die erst 1972 endete. Nahezu alle größeren Werkzeughersteller wurden verstaatlicht, der VEB Werkzeugkombinat Schmalkalden entstand (VEB=Volkseigener Betrieb). Im Jahre 1989 fertigte das Kombinat, gekennzeichnet durch eine mittelständische Struktur mit zahlreichen Betriebsstätten, mit 13 800 Mitarbeitern Werkzeuge im Wert von rund 1,6 Milliarden Mark (DDR). Die enorme Sortimentsbreite zu Zeiten der DDR reichte von den klassischen Handwerkzeugen über Maschinenwerkzeuge, Elektro- und Druckluftwerkzeuge bis zu Bergbauwerkzeugen. Nach der Wende kam es im Juni 1990 zur Selbstauflösung des Kombinats und zur Privatisierung der Teilbetriebe. Unter großen Schwierigkeiten, verbunden mit hohem Personalabbau, wurden das Erzeugnissortiment hinsichtlich Qualität, Technologie und Design überarbeitet, neue Produktionstechnologien eingeführt und neue Vertriebsstrukturen aufgebaut. Aus diesen komplizierten Umstrukturierungsmaßnahmen entstanden über 100 moderne mittelständische Betriebe und Kleinunternehmen der Werkzeugfertigung. Sie liefern Hartmetall-Werkzeuge, Bohrer, Zangen, Meißel, Gewindelehren, Messer für die Landwirtschaft, Sägen, Sägeblätter, Maschinenmesser, Bergbau-Werkzeuge und anderes mehr in auf dem Weltmarkt konkurrenzfähiger Qualität. Gestützt auf die Erfahrungen und das Können eines gut ausgebildeten Facharbeiterstammes, erfindungsfreudiger Handwerker und kreativer Ingenieure, mit Hilfe der Fachhochschule und einer wirtschaftsnahen Forschungseinrichtung wird die Region Schmalkalden weiter ein Zentrum deutscher Werkzeugindustrie bleiben.

Wichtige Ereignisse der Schmalkalder Industriegeschichte von 1870 bis 1914 - von der beginnenden Industrialisierung bis zum 1.Weltkrieg

- 1870–1880: 28 Fabrikgründungen in der Schmalkaldener Eisen- und Stahlwarenbranche, mit dem Höhepunkt um 1875.
- 1874: Erster Eisenbahnanschluß: Bau der Strecke Schmalkalden – Wernshausen und Anschluß an die Werrabahn Eisenach – Coburg.
- 1874: Die Fa. J. Erbe setzt einen 3-PS-Deutz-Gasmotor ein, mit dem 4 Drechselbänke, 1 Kreisschere, 1 Hobelmaschine, 1 Drehbank und 1 Bohrmaschine angetrieben werden.
- 1875: Die Eingliederung von Maschinen in den Produktionsprozeß nimmt zu: Fallhämmer, später Feder- und Lufthämmer (Schmieden im Gesenk).
- 1882: Bau und Einsatz von Gebläseventilatoren, die die Blasebälge ersetzen.
- 1884: Otto Zobel übernimmt die Fa. Zobel, Neubert und Co. Durch seine Erfindung der Treibkette (Büchsenkette) gilt der Betrieb als älteste Gelenkkettenfabrik des Kontinents.
- 1886: Der erste elektrisch betriebene Kran Deutschlands wird in Schmalkalden gebaut.
- 1891: Einbau einer Dampfbetriebsanlage; Zangenfabrik Friedrich Katzung.
- 1891: Vergrößerung der Werkräume und Anschaffung modernster Maschinen, Metallwarenfabrik H.A. Erbe.
- 1891: Erste gewerkschaftliche Organisation: Bildung eines Zweigvereins des Allgemeinen Deutschen Metallarbeiterverbandes.
- 1893: Ausbau der Bohrerfabrik Gebrüder Heller; sie wird zur größten deutschen Holzbohrerfabrik.
- 1893: Einsatz des ersten Dieselmotors bei der Metallwarenfabrik H.A. Erbe; wegen anhaltender Dürre verzichten viele Betriebe auf das Wasserrad als Hauptantriebsmittel und bestellen Dampfmaschinen und Dieselmotore.
- 1894: Erstmalig wird ein Luftdruckhammer eingesetzt, Fa. Friedrich Katzung, Zangenfabrik.
- 1894: Inbetriebnahme eines Dampfsägewerkes in der Zwingenfabrik A.G. Thorwarth, um bei Drechslerwaren (Werkzeuggriffe) unabhängig zu sein.
- 1894: Gründung/Einrichtung einer Tempergießerei, Fa. Gießerei F.W.Kampmann.
- 1894: In den großen Industriefirmen H.A.Erbe, Gebrüder Heller, Friedrich Katzung und A.G.Thorwarth wird die Massenfabrikation einzelner Artikel betrieben.
- 1895: In Schmalkalden arbeiten 1405 Betriebe der Metallwarenindustrie mit 3840 gewerbstätigen Personen, davon 995 Personen in Fabrikbetrieben und 2845 in Handwerksunternehmen.
- 1895: Einführung des Elektromotors, Metallwarenfabrik H.A.Erbe.
- 1896: Die Fa. H.A.Erbe führt französische Spezialmaschinen mit Elektroantrieb ein. Der Elektromotor setzt sich neben der Dampfmaschine auf breiter Front durch.
- 1896: Fabrikneubau der Fa. Gebrüder Heller, Einrichtung eines Maschinenhauses, Anschaffung moderner Maschinen und einer Lokomobile.
- 1899: Erstes auswärtiges Zweigwerk einer Schmalkaldener Industriefirma: Mochala (Oberschlesien) – Fa. H.A.Erbe.
- 1901: Einführung moderner Turbinenanlagen bei mehreren Werkzeugproduzenten, u.a., um auch bei Niedrigwasser den Betrieb aufrechterhalten zu können.
- 1902: Gründung der Staatlichen Fachschule für die Eisen- und Stahlwarenindustrie.
- 1902–1903: Umfangreiche Neubauten mehrerer Firmen im Stadtgebiet Schmalkalden, Einsatz großer Dampfmaschinen.
- 1907: Gründung des Schmalkaldener Fabrikantenvereins.
- 1911: Fabrikneubau der 1870 gegründeten Mapfabrik Ludwig Braun.
- 1911: Erste Bildung einer Aktiengesellschaft: Fa. H.A.Erbe.
- 1912: In 796 Betrieben der gesamten Kleineisenindustrie arbeiten 6083 Personen, davon 4243 in fabrikmäßigen Fertigungsstätten.
- 1913: In der Stadt Schmalkalden existieren 10 industrielle Großbetriebe mit jeweils mehr als 150 Beschäftigten.
- 1914: Einsatz von Drehstrommotoren, Metallwarenfabrik H.A.Erbe.

Abbildungen

oben links: Aus der Schraubenzieherfertigung, Schmalkalden, um 1935

links: „VEB Werkzeuge Schmalkalden, Kollege Fräbel beim Angelbiegen an der Maurerkelle. Die besonders großen Maurerkellen werden bei den Bauten in der Stahlindustrie verwendet" Anmerk.: Ehemalige Fa. Frenzel, Grenzweg, um 1954

rechts: Sägenproduktion in Schmalkalden, Bohren und Fräsen von großen Sägerohlingen, Fa. Schmalkaldener Säge- u. Werkzeugfabrik, H. Schmidt u. Dipl. Ing. Völker KG., um 1960

Remscheid/Bergisches Land

Neben Schmalkalden entwickelte sich zunächst das Bergische Land mit Remscheid zu dem Schwerpunkt der deutschen Werkzeugfertigung von überregionaler Bedeutung. Gleich günstige Standortbedingungen, Eisenerz- Holz- Wasserkraft einer Mittelgebirgslandschaft bildeten die Grundlage des Eisen verarbeitenden Gewerbes.

Auf einer jahrhundertelangen Tradition bäuerlich-handwerklicher Werkzeugfertigung mit überregionalen Handelsbeziehungen ruhend, waren vom ausgehenden Mittelalter bis in das 17. Jahrhundert Sicheln und Sensen die Hauptprodukte. Danach wurde das Kleinschmiedehandwerk mit einem umfangreichen Werkzeugsortiment wichtigster Erwerbszweig im Remscheider Raum. 1845 boten über 600 Schmiede zusammen mit rund 50 Handelshäusern mehr als 2000 verschiedene Werkzeugtypen und Kleineisenartikel an: Beitel, Bohrer, Feilen, Hämmer, Sägen, Zangen, Schrauben, Schlittschuhe, Bügeleisen, Kaffeemühlen und andere Haushaltsartikel. Die Exporte gingen bis Amerika, Rußland und Südostasien. Gleichzeitig wies Remscheid eine der höchsten Bevölkerungsdichten Deutschlands auf, mehr als 60% der Bevölkerung waren in Gewerbe, Handel und Transport tätig. Erste Ansätze fabrikmäßiger Werkzeugfertigung setzten in den 1840er Jahren ein. Die Umstellung auf industrielle Produktion geschah in größerem Maße erst zu Anfang des 20. Jahrhunderts. Hochwertige Qualitätswerkzeuge aus Remscheid finden noch heute Anerkennung in aller Welt.

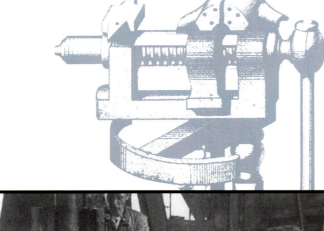

Abbildungen

oben rechts: Sägenschmied auf dem Weg zum Sägenschleifer, Remscheid-Fürberg, 1930

oben links: Am Dampfhammer, 1. Viertel des 20. Jh.

Mitte rechts: Feilenschmiede, um 1900

unten links: Blick auf Remscheid aus Richtung Papenberg, vermutlich um 1910

unten rechts: Naßschleifer bei der Arbeit, 1. Viertel des 20. Jh.

Remscheider Werkzeuge – neue Herausforderungen – neue Technologien

Remscheid und das umgebende bergische Land hatten sich zu Beginn des 20. Jahrhunderts eindeutig zum größten deutschen Werkzeugzentrum entwickelt. Der weitere Aufbau der Werkzeugindustrie vollzog sich langsamer: Zwei Weltkriege mit nachfolgenden Geldentwertungen ließen wenig Investitionskapital übrig. In den Jahren nach 1950 waren die Schwierigkeiten der Nachkriegsjahre überwunden.

Mit dem Wirtschaftswunder begann auch in der Remscheider Werkzeugindustrie der Ausbau aller Betriebsbereiche. Von der Konstruktion über die Fertigung bis zur Verwaltung und zum Vertrieb wurde modernisiert und optimiert, stets orientiert an den Bedürfnissen der wachsenden Märkte. Die Transmissionen verschwanden endgültig zu Gunsten der Werkzeugmaschinen mit elektrischem Einzelantrieb. Bearbeitungszentren ersetzten getrennt arbeitende Werkzeugmaschinen, Automaten lösten schwierige Handarbeiten ab. Viele Unternehmen blieben bei ihrem herkömmlichen Sortiment. Sie veränderten das Werkzeug jedoch stetig nach neuen technologischen Möglichkeiten und Marktanforderungen. Das Fertigungsprogramm umfaßt nach wie vor alle Hauptgruppen von Handwerkzeugen: Hämmer und Ausbeulwerkzeuge, Beitel und Meißel, Bohrwerkzeuge, Feilen und Raspeln, Sägen aller Art, Hobel, Rohr- und Installationswerkzeuge, Schraubendreher und Schraubenschlüssel, Zangen sowie Spezialwerkzeuge, beispielsweise für Montagen und für den Einsatz in Maschinen, werden mehr und mehr in Zusammenarbeit mit in ihren Wirtschaftszweigen führenden Anwenderfirmen konzipiert, konstruiert, gefertigt und getestet. Von jeder Werkzeuggruppe wird ein vielfältiges Programm für unterschiedlichste Anwendungsbereiche hergestellt – dies ergibt die ganze Mannigfaltigkeit des Remscheider Qualitätswerkzeuges.

Aus der Tradition heraus zeichnen sich die Remscheider Werkzeuge besonders aus durch: höchsten Stand moderner Technik, optimierte anwendungsorientierte und ergonomische Gestaltung, optimal zweckentsprechende Kraftübertragung, herausragende und gleichbleibende Qualität, sinnvolle Berücksichtigung von Arbeitssicherheitsaspekten und Förderung des modernen Marketings. Inzwischen (1994) hat der Maschinenbau in Remscheid den 1. Rang in der Industriestatistik übernommen (25 % aller Beschäftigten in Betrieben mit mehr als 20 Mitarbeitern). Aber immer noch sind in ca. 50 Betrieben (mehr als 20 Mitarbeiter) und über 250 Unternehmen mit weniger als 20 Mitarbeitern (ca. 70 % aller Werkzeugfirmen) annähernd 7 300 Mitarbeiter beschäftigt. Die Remscheider Werkzeugindustrie hat ihren ursprünglichen mittelständischen Charakter erhalten. Durch die konsequente Anwendung neuer Technologien (z.B. Lasertechnik, beschichtete Hartmetalle), durch die fortschreitende Automatisierung der Fertigungsprozesse und durch die Einführung zertifizierter Qualitätsmanagementsysteme wird sie auch in Zukunft ihre Wettbewerbsfähigkeit zu erhalten wissen.

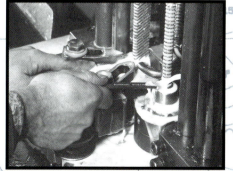

Abbildungen

oben: Lehrlingswerkstatt der Fa. Alfred Schrick in Remscheid, um 1960

Mitte: Computerunterstützte Kalibrierung von Drehmomentschlüsseln mit Einzelzertifikat, 1996

unten links: „Räumen" der Ringöffnungen an Ringschlüsseln, 1980

unten rechts: Vollautomatisches Ausbrennen von Sägeblättern, 1996

Baden-Württemberg

Unter den zahlreichen württembergischen Orten mit beachtlicher Werkzeugproduktion nimmt die Stadt Esslingen einen der ersten Plätze ein. Im Gegensatz zu Schmalkalden und Remscheid erlangte Esslingen erst im letzten Drittel des 19. Jahrhunderts Bedeutung in der deutschen Werkzeugproduktion. Das Land Württemberg, agrarisch geprägt, litt seit der Mitte des 18. Jahrhunderts an Überbevölkerung. Fortschreitende Teilung und damit Zerstückelung des landwirtschaftlichen Grundbesitzes erhöhte die Zahl derjenigen, die sich ihren Unterhalt in einem Gewerbe zu verdienen suchten.

Die mangelnden Möglichkeiten führten zu Massenauswanderungen. Erst mit dem Bau der Eisenbahn und der aufblühenden Maschinenindustrie begannen sich nach 1840 die wirtschaftlichen Strukturen zu ändern. Ohne eigene Rohstoffbasis und wohlausgeprägte Traditionen eines Eisen verarbeitenden Gewerbes enstand nun in Anlehnung an den Maschinenbau die Werkzeugindustrie. Die heimischen Arbeitskräfte, an denen kein Mangel herrschte, zeichneten sich auch in den neuen Bereichen der Metallverarbeitung durch technisches Verständnis und Geschicklichkeit aus. Seit 1850 wurden etliche Fabriken gegründet, die Handwerkzeug des Remscheider Sortiments herstellten. Als Beispiel sind die DICK'schen Feilen-, Stahlwaren- und Werkzeugfabriken in Esslingen zu nennen. Von ihnen hatte sich die Firma Friedrich Dick zur größten Feilenfabrik Deutschlands entwickelt.

Abbildungen

oben: Esslingen am Neckar, um 1900

Mitte rechts: Kontrolle fertiger Feilen, Härteprüfung, um 1924

Mitte links: Mechanische Werkstatt, Pforzheim, um 1900

unten: Handfeiler, Fa. Dick, Esslingen am Neckar, um 1924

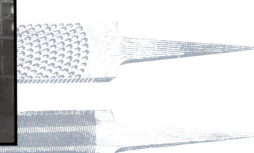

Esslinger Werkzeug- und Maschinenindustrie – für die Zukunft gerüstet.

Unter den zahlreichen württembergischen Orten mit beachtlicher Werkzeugproduktion nimmt die Stadt Esslingen einen besonderen Platz ein. Von Anfang an zeichnete sich die Esslinger Werkzeugfertigung durch zwei bestimmende Faktoren aus: die Kombination von Werkzeugfertigung und gleichzeitigem Bau von Werkzeugmaschinen als Nebenindustrie des Maschinenbaus, von diesem angeregt und beeinflußt; der hoch spezialisierte Werkzeug- und der mit ihr verbundene Meßgerätebau erlangten nie eine beherrschende Stellung innerhalb der städtischen Industrie, wie es in Remscheid und Schmalkalden der Fall war.

Esslingen war und ist eine Stadt mit einer breit gefächerten industriellen Produktionspalette, an deren Spitze die Metallverarbeitung und der Maschinenbau stehen. Nach 1900 entstand die elektrotechnische Industrie, die sich, besonders nach dem Zweiten Weltkrieg, stürmisch entwickelte und heute (1994) mit dem Maschinenbau sowohl nach Anzahl der Betriebe, Anzahl der Beschäftigten, Gesamtumsatz, als auch Exportumsatz die Wirtschaftsstatistiken anführt. Der Beginn der Werkzeugfertigung in Esslingen ist besonders mit den Namen Mahr (Meßgeräte, gegründet 1861), Dick (Feilen, Raspeln, Werkzeuge aller Art, Stahl- und Messerwaren, gegründet 1870) und Boley (Uhrmacherwerkzeuge und -werkzeugmaschinen, gegründet 1872) verbunden. Diesen erfolgreichen Unternehmen gesellten sich schnell weitere hinzu, deren Namen zum Teil ebenso Weltruf erlangten. Ein besonderer Grund für die rasante Entwicklung der Werkzeugindustrie, die besonders nach 1890 höchste Zuwachsraten aufwies, war, daß die Präzisierung der Fertigungstechnologien und der Produkte im Maschinenbau Hand in Hand mit einer konsequenten Entwicklung von Präzisionswerkzeugen, Präzisionswerkzeugmaschinen und Präzisionsmeßgeräten ging. Viele Unternehmen besaßen durch patentierte technische Neuerungen faktisch ein Monopol für ihre Produkte. Nach 1945 konnten die Schwierigkeiten der Nachkriegszeit äußerst schnell überwunden werden. Es setzte ein wirtschaftlicher Aufschwung ohnegleichen ein, der auch die Werkzeugbranche einschloß. Die Produktion umfaßte hoch spezialisierte Werkzeuge und Werkzeugmaschinen, höchster Präzision und Qualität, wie Handwerkzeuge, z.B. Feilen und Sägen, Handwerkzeuge mit Druckluft- oder Elektroantrieb, Meßwerkzeuge für die verschiedensten Anwendungsgebiete, Werkzeuge für Werkzeugmaschinen wie Spannelemente, Einsteckwerkzeuge für Bohrer, Fräsen und Drehmaschinen; Werkzeugmaschinen für Metall-, Holz-, Kunststoff- und Steinbearbeitung, bis hin zu ganzen Transferstraßen. Bereits 1961 setzten Umstrukturierungsprozesse im Werkzeugmaschinenbau ein, die zu Produktionsverlagerungen nach Italien, Frankreich und Brasilien führten. Seit Beginn der 1990er Jahre sind in großem Umfang Fertigungsstätten in das Ausland verlegt worden. Hingegen blieben die Verwaltungen und die Forschungs- und Entwicklungsabteilungen der Unternehmen überwiegend in Esslingen. Im Gesamtbild stellt Esslingen einen hervorragenden Industriestandort dar. Daran hat die Werkzeugindustrie innerhalb des Maschinenbaus und der Metallverarbeitung einen bedeutenden Anteil. 1994 erwirtschafteten im Maschinenbau, der Metall verarbeitenden und der feinmechanischen Industrie 27 000 Beschäftigte einen Gesamtumsatz von rund 6,7 Milliarden DM, mit einem Exportanteil von 37 %. Esslingen bleibt mit seinem Umland nach wie vor ein industrielles Kerngebiet Württembergs.

Abbildungen

oben: Werkzeugbau und Schleiferei der Fa. J. Albrecht, Bohrfutter GmbH & Co. in Wernau bei Esslingen, um 1957

unten links: Optische Qualitätsüberwachung bei der Fa. Fried. Dick GmbH, Stahlwaren- und Feilenfabrik in Esslingen, um 1927

unten rechts: Bohrfutterherstellung bei der Fa. J. Albrecht, Bohrfutter GmbH & Co. in Wernau bei Esslingen, um 1950

Feilenhauerei

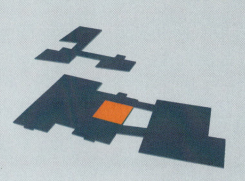

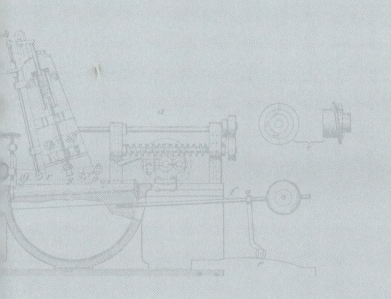
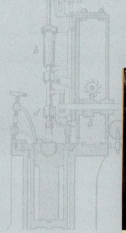

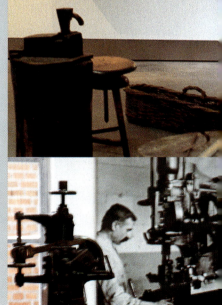

Die Feile

Die Feile gehört zu den wichtigsten und ältesten Werkzeugen. „Eine Feile oder Raspel ist ein Werkzeug, welches mit scharfen Einkerbungen (Zacken, Einschnitten, sägeartigen Zähnen, Hieben) versehen ist und welches schärfer oder härter oder beides zugleich sein muß als der Gegenstand, welchen man durch Darüberstreichen in seiner ursprünglichen Form verändern – abfeilen oder abraspeln – oder welchen man trennen, durchschneiden – durchfeilen – will." (Otto Dick, 1925)

Den Feilen ähnlich sind die Raspeln, welche einzeln stehende Zähne haben und sich für die gröbere Bearbeitung von Werkstoffen wie Holz oder Horn eignen.- Das Arbeiten mit der Feile wirkt auf den ersten Blick einfach. Es ist jedoch erheblich schwieriger, als es den Anschein hat: Denn die Feile muß so exakt gehandhabt werden, daß sie nur an den Stellen angreift, die bearbeitet werden sollen. Gerade etwa beim „Rundfeilen" und beim „Ebenfeilen" kommt es auf das genaue Maß an.

Beim manuellen Feilen wird in der Regel das Werkstück in einen Schraubstock eingespannt, die Feile mit beiden Händen geführt. Die rechte Hand hält das Feilenheft so, daß Arm und Feile in der Fortsetzung eine Gerade bilden. Das Heft ruht hierbei im Handteilteller, während der Daumen obenauf liegt. Die linke Hand drückt je nach Stärke des gewünschten Erfolges beim „Strich" zu gleicher Zeit mit Handteller und leicht gekrümmten Fingern mehr oder weniger auf das Feilenende. Das Feilen selbst geschieht grundsätzlich nur in schräger Richtung zu den Kanten des Arbeitsstücks.

Vielfältig sind Formen und Arten der Feile und der Raspel. Sie können nach den verschiedensten Kriterien unterschieden und bezeichnet sein, so etwa nach der beruflichen Verwendung (z.B. Uhrmacherfeile) oder nach dem zu bearbeitenden Material (z.B. Zinnfeile) sowie nach der Art der Herstellung (gehauen, gefeilt, gefräst). Bei „gehauenen" Feilen kann ferner nach Art des Hiebes (einhiebig, zweihiebig) und nach Feinheit des Hiebes (grob, halbgrob, bastert, halbschlicht, schlicht, doppelschlicht) unterschieden werden.

Eine weitere gängige Unterscheidung berücksichtigt Form und Querschnitt. So haben z.B. Flachfeilen einen rechteckigen Querschnitt, sind der Länge nach etwas ausgebaucht und auf drei Seiten behauen. Feilen können auch nach dem Gewicht (Grobfeilen, Armfeilen) oder nach Art der Verpackung (Strohfeilen) unterschieden werden.

So unterschiedlich die Formen und Arten der Feilen sind, so unterschiedlich ist auch ihr Einsatzgebiet. Jedes Handwerk und jeder Industriezweig hatte und hat zum Teil noch heute seine besonderen Feilenarten, die je nach dem Verwendungszweck anders hergestellt, geformt oder gebogen sind. Neben von Hand geführten Feilen gibt es, wie bei anderen Werkzeugen auch, auch von Maschinen geführte Feilen.

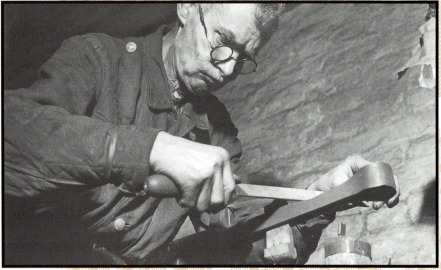

Abbildungen

oben links: Feilenarbeiten in der Fabrikschlosserei, 1935
oben rechts: Werkzeugkatalog, um 1925
Mitte: Feilenarbeiten im Handwerk
unten links: Feilenetiketten (links 1935, rechts 1966) der Fa. Ernst Ehlis, Remscheid
unten rechts: Feilenarbeiten in der Lehrwerkstatt, 1934

Die Herstellung der Feile

Eine Feile kann nicht in einem Arbeitsgang hergestellt werden. Vielmehr sind verschiedene Fertigungsschritte erforderlich, bis aus dem Stück Rohstahl eine einsatzfähige Feile geworden ist.

Bei der handwerklich-gewerblichen Feilenproduktion mussten die Feilen bzw. deren Vorprodukte zu Fuß von Werkstatt zu Werkstatt gebracht werden, wozu ein spezieller Weidenkorb, das „Li'ewermängken" diente. In der Feilenfabrik hingegen waren die einzelnen Arbeitsgänge räumlich zusammengefaßt.

Technische Verbesserungen konnten mehrere Arbeitsgänge, aber auch nur einzelne Arbeitsschritte der Feilenherstellung betreffen. Auch als Feilenrohlinge (die Rohstahlstücke) längst industriell geschmiedet wurden, blieb die Handarbeit beim Hauen unersetzlich. Die Hand-Feilenhauerei konnte selbstständig in kleinen Werkstätten (Remscheider Raum) oder in einer Fabrik (Esslingen) ausgeführt werden.

Der Hand-Feilenhauer arbeitete mit einem speziellen Amboss sowie mit Hämmern und Meißeln (Beiteln) verschiedener Größe. Der zu bearbeitende Feilenrohling wurde auf dem Amboss mit Riemen eingespannt, der Beitel mit der linken Hand schräg (und zwar sowohl im Verhältnis zum Feilenrohling als auch zum eigenen Körper) aufgesetzt, während die rechte Hand den Hammer führte.

Die Kunst des Hauens bestand darin, mit dem nötigen Gefühl, dem Beitel die richtige Schräge und von Hieb zu Hieb parallele Stellung zu geben sowie gleichzeitig die Stärke des Hiebes richtig zu dosieren. Geübte Feilenhauer arbeiteten mit so großer Schnelligkeit (bis zu 200 Hiebe pro Minute) und Exaktheit, daß ihre Produkte gegenüber den Maschinen gehauenen Feilen als qualitativ höherwertig angesehen wurden. Erst nach 1900 setzten sich Maschinen gehauene Feilen immer mehr durch.

Werdegang der Feile

Rohstahl
Abschneiden desselben in Stücke

Schmieden
Spitzen und Angeln der Feilen

Glühen (ggf. Richten und Schleifen)

Feilen und Ziehen
Zeichnen (Stempeln) der Feilen

Hauen oder Schneiden
a) Unterhieb hauen oder schneiden – Unterhieb abstreifen – Kanten abstreifen – Kanten hauen oder schneiden
b) Oberhieb hauen oder schneiden – Grat nehmen – Spitzen abzwicken und nacharbeiten – Richten nach dem Hauen und Schneiden

Härten
Vor dem Härten: Anschmieren und Trocknen
Nach dem Härten: Reinigen mit Sandstrahl
Durchspülen – Ankalken – Trocknen – Angel ablassen – Richten – Einölen – Durchbürsten

Magazin und Versand
Feilen kontrollieren, packen, etikettieren und versenden

Abbildungen

oben links: Hand-Raspelhauer in der Fabrik Friedrich Dick, Esslingen, 1924

oben rechts: Hand-Feilenhauer mit Werkzeugtragekorb vor seiner Werkstatt, Wermelskirchen, um 1930

Mitte: Industrielles Schmieden der Feilenrohlinge, um 1900

unten rechts: Handwerkliches Schmieden der Feilenrohlinge im Wasserhammer, um 1900

ganz unten: Hand-Feilenhauer bei der Arbeit, 1929

Streikende Feilenhauer bei der Waldrodung, Remscheid, 1890

Die Feilenhaumaschine und die Feilenfabrik

Bereits im 16. Jahrhundert versuchte man das Hauen der Feilen von Hand zu mechanisieren. Leonardo da Vinci zeichnete hierzu einen Entwurf einer Maschine. Fachleute und Erfinder arbeiteten auch im 17. und 18. Jahrhundert an der Konstruktion mechanischer Feilenhauvorrichtungen, ohne das größere Erfolge in der praktischen Anwendung erzielt werden konnten. Erst im 19. Jahrhundert erwiesen sich Feilenhaumaschinen bei der Herstellung von Uhrmacherfeilen, d. h. kleinen und kleinsten Feilen, als leistungsfähig.

Eine erste Uhrmacherfeilen-Haumaschine wurde 1881 in Esslingen aufgestellt. 1888 folgte der Einsatz von Feilenhaumaschinen in Remscheid, nachdem ein Versuch 1873 gescheitert war. Die ersten Feilenhaumaschinen, welche in Deutschland in Betrieb genommen wurden, waren noch schweizerischer oder englischer Herkunft. Doch fast zeitgleich begannen Firmen, insbesondere im Remscheider Raum, mit dem Bau und der Patentierung eigener Maschinen.
Hier sind die Namen Zenses, Kotthaus & Busch, Bechè und Peiseler zu nennen.
Die Aufstellung von Feilenhaumaschinen, aber auch die Mechanisierung anderer Arbeitsschritte bei der Feilenherstellung, gingen einher mit dem Entstehen von Feilenfabriken. Der Weg führte daher von den kleinen Feilenhaustuben zu Großbetrieben (Dick in Esslingen, Corts in Remscheid). Dies bedeutete den Verlust der rechtlichen Selbstständigkeit für viele Hand-Feilenhauer, die entweder mit ihren Familien ohne Beschäftigung blieben oder aber als Maschinen-Feilenhauer in die Fabrik gehen mußten. An den Feilenhaumaschinen wurden auch Frauen eingesetzt.
Gegen den drohenden wirtschaftlichen und sozialen Abstieg schlossen sich die Feilenhauer zusammen. Seit 1845 bestand in Remscheid die Feilenhauer-Innung. Ihre Nachfolgeorganisation war der Feilenhauer-Verein, dann die örtliche Abteilung des Deutschen Metallarbeiterverbandes. Strittige Punkte im Verhältnis zu den Feilenfabrikanten führten im 19. Jahrhundert zu größeren Arbeitskämpfen. Dies begünstigte die Einführung und Weiterentwicklung der Feilenhaumaschine, weil die Feilenfabrikanten sich auch von dem Wissen und Können der Hand-Feilenhauer unabhängig machen wollten. Die Fabrikanten schlossen sich ebenfalls zu Interessenverbänden zusammen. Im Bergischen Land waren dies 1887 der Feilenfabrikanten-Verein, 1890 der Bergische Fabrikanten-Verein und seit 1903 der „Verband von Arbeitgebern von Remscheid und Umgebung".

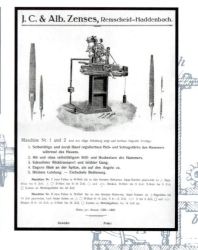

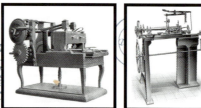

Abbildungen

oben: Anzeige der Fa. August Rüggeberg, Marienheide, 1928

Mitte oben: Maschinen-Feilenhauerei Fa. Gottlieb Corts, Remscheid, um 1900

Mitte unten: Preisvereinbarung für Feilenhau-Preise in Remscheid, 1872

unten rechts: Prospekt der Fa. Johann Carl und Albert Zenses, um 1900

unten links: Schwedische Feilenhaumaschine Model „Polhem", 1715

unten Mitte: Schweizerische Feilenhaumaschine in Süddeutschland aufgestellt, 1880

Kleinindustrielle Fertigung

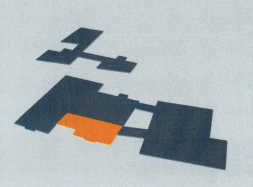
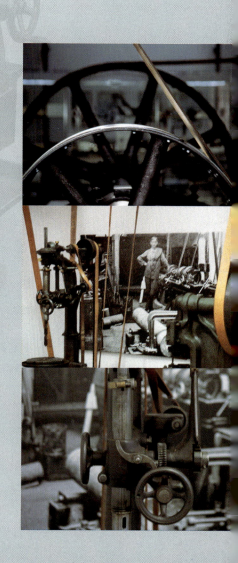

Die Dampfmaschine in der Werkzeugindustrie

Die moderne Welt ohne Maschinen – eine schlechthin unmögliche Vorstellung. Die Dampfkraft schuf erstmalig eine, von den natürlichen Umweltbedingungen weitgehend unabhängige, Kraft- und Antriebsmaschine. Die Dampfmaschine befreite die Produktion von der Standortbindung an natürliche Energiequellen.

Wie viele technische Erfindungen benötigte auch sie einen langen Weg, um in der Praxis anwendbar zu werden. James Watts Patent einer gebrauchsfähigen Dampfmaschine 1769 markiert diesen Zeitpunkt. Viele technische Verbesserungen während des 19. Jahrhunderts vervielfachten ihre Leistungsfähigkeit, so daß um 1900 die Kolbendampfmaschine zur vorherrschenden Kraftmaschine geworden war.

Die Ansicht, daß nur die Dampfmaschine die Industrialisierung des 19. Jahrhunderts ermöglichte, entspricht nicht den tatsächlichen Gegebenheiten.

Von zentraler Bedeutung waren Entwicklung und rasche Einführung von Werkzeugmaschinen für die Metallbearbeitung. So ist die Steigerung der Fertigungsgenauigkeit von Werkstücken und Werkzeugen nicht nur eine Folge, sondern auch eine wesentliche Voraussetzung für den Bau immer besserer Dampfmaschinen gewesen. Bei ihrer Einführung in die Werkzeugindustrie stellte die Dampfmaschine im Ganzen gesehen zunächst nur eine Ergänzung zum Wasserrad dar. Noch um 1860 waren Dampfmaschinen Einzelfälle in jenen Betrieben, die das notwendige Kapital und die erforderlichen, qualifizierten Arbeits- und Führungskräfte besaßen. Hohe Anschaffungskosten für Maschinen und Kessel und die Transportkosten für die Kohle schreckten ab. Der Wandel trat ein, als mit der Eisenbahn (in Remscheid 1868) die Frachtgebühren für Kohle und Endprodukte drastisch zurückgingen. Nun veränderte der Dampf als neue Antriebsenergie in immer schnellerer Folge die traditionellen Arbeitsprozesse und deren Organisationsformen, ermöglichte die Erweiterung der Erzeugnispalette, trieb die Standardisierung voran, führte zu weiterer Qualitätssteigerung und schließlich zur Massenproduktion, auch in der Werkzeugindustrie.

Die unterzeichnete Königliche Regierung, Abteilung des Inneren, erteilt Kraft dieses nach Vorschrift der Gewerbe „Ordnung vom 17. Januar 1845 dem Fabrikanten Friedrich Haas in Lennep, vorbehaltlich etwaiger Privat „Rechte Dritter, die polizeiliche Erlaubnis, in seiner Fabrik daselbst und zum Betrieb der darin befindlichen Dampf „Maschine an Stelle des bisher vorhandenen einen neuen Dampf „Kessel nach Maßgabe der angehefteten Zeichnung und Beschreibung errichten zu dürfen, unter der Bedingung, daß vor der Inbetriebsetzung des Kessels die Oeffnung der Sicherheits"Ventile auf 17.2 Quadratzoll vermehrt und die gehörige Belastung der Ventile nachgewiesen, auch über dem einen derselben ein Blechkasten angebracht und verschlossen werde. Sodann hat der p. Haas bei Verlust der gegenwärtigen Erlaubniss sich in Bezug auf die Maschine und den Dampfkessel allen polizeilichen Anordnungen willig fügen.

Düsseldorf, den 3ten Februar 1847

*Königliche Regierung,
Abteilung des Inneren
(Unterschrift, unleserlich)*

*Concession
I, S. III No.821*

Abbildungen

oben : Transmission und Treibriemen

Mitte : Dampfmaschine und Maschinensaal, Nürnberg, 1896

unten: Zeitungswerbung, 1890

Funktionsweise der Dampfmaschine

Die physikalischen Grundlagen der Dampfmaschine bestechen durch ihre Einfachheit: Wasser wird zu Dampf erhitzt und dehnt sich aus (Expansion), Dampf wird wieder zu Wasser abgekühlt und zieht sich zusammen (Kondensation). Es entstehen Über- und Unterdrucke, die mechanisch in Hubarbeit und Drehbewegung umgewandelt werden. Die technische Umsetzung war kompliziert und erforderte einen langen Weg durch die Zeit bis zum technologischen Höchststand um 1900.

Der Druck des aus dem Dampfkessel in den Zylinder geleiteten Dampfes wirkt direkt, aber periodisch wechselnd, auf beide Seiten des Kolbens, so daß dieser im Zylinder hin und her gleitet. Diese Bewegung wird über Kolbenstange – Kreuzkopf – Pleuelstange – Kurbel in eine drehende Bewegung der Kurbelwelle mit dem Schwungrad, das den gleichmäßigen Gang gewährleistet, umgewandelt. Die Steuerung des Dampfzutrittes auf die jeweilige Kolbenseite erfolgt durch Schieber, oder, wie bei dieser Maschine, durch Ventile. Bei der Expansions-Dampfmaschine wirkt der Dampf nur während eines kleinen Teils des Kolbenweges, des Kolbenhubs, direkt. Der eingelassene Dampf arbeitet anschließend durch seine eigene Expansion infolge Druckentlastung. Bei der Mehrfachexpansions-Dampfmaschine, Compoundmaschine genannt, zu der die hiesige Dampfmaschine gehört, wird die Expansion derselben Dampfmenge auf zwei oder drei Zylinder verteilt. Gegen die Gefahr, daß die Dampfmaschine immer schneller läuft, ist der selbsttätige Fliehkraftregler angebracht, der direkt auf das Dampfanstellventil wirkt.

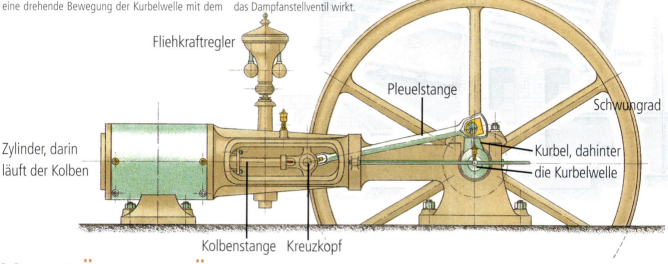

Zylinder, darin läuft der Kolben · Fliehkraftregler · Pleuelstange · Schwungrad · Kurbel, dahinter die Kurbelwelle · Kolbenstange · Kreuzkopf

Vom DÜV zum TÜV

Zur Dampfmaschine gehört die Dampf erzeugende Kesselanlage. Das Bild einer Dampfkesselexplosion im Jahre 1881 zeigt, daß Dampf ungeheure Kräfte entwickelt, die ungebändigt Gefahr für Leib und Leben bedeuten. Der Betrieb von Dampfmaschinen und Dampfkesseln erforderte folglich von Anfang an sorgfältigste Bedienung und Wartung. Eine neue Kategorie hielt Einzug in das Arbeitsleben, die Sicherheit. Da die gefürchteten Kesselexplosionen – zwischen 1888 und 1907 gab es im Deutschen Reich 329 Kesselexplosionen mit 507 Toten – Wirkung weit über ein eigentliches Betriebsgelände hinaus zeigten, mußte der Staat in Aktion treten. Ab 1831 gab es in Preußen eine gesetzliche Regelung für den Bau und Betrieb von Dampfkesselanlagen.

Ab 1856 existierten Vorschriften zur ständigen Kessel- und Maschinenüberwachung durch die Ortspolizeibehörde, die Gewerbeaufsicht oder die staatliche Fabrikinspektion. Das resultierende Kompetenzenwirrwarr veranlaßte 1865 die Dampfkesselbetreiber eigene, private Dampfkessel-Überwachungsvereine (DÜV) zu gründen. In deren Auftrag führten angestellte Ingenieure die vorgeschriebenen Revisionen (= Inspektionen) durch. 1899 wurden diese technischen Kontrollen ausschließliche Angelegenheit der industriellen Selbstüberwachung. Sie entwickelte sich in den nächsten Jahrzehnten zum weit über die Dampfkesselinspektionen hinaus wirkenden Technischen Überwachungsverein (TÜV).

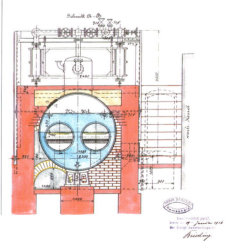

Abbildungen

oben: Prinzipskizze einer Dampfmaschine, um 1900

Mitte: Genehmigungsplan einer Dampfkesselanlage, 1906

unten links: Explosion eines Dampfkessels, 1881 (Bayerisches Landesinstitut für Arbeitsschutz)

unten rechts: Zweiflammenröhrenkessel vor dem Einbau, Fa. Gebr. Arns, Remscheid, um 1912

Mensch und Dampfmaschine

Der Einsatz von Dampfmaschinen brachte vielfältige Veränderungen der gewerblichen Produktion mit sich. Auch die Trennung zwischen ungelernten Arbeitern, Facharbeitern und Technikern, die die komplizierten Maschinen aufbauen, bedienen und warten können, hatte hier ihre Anfänge. An der Dampfmaschine selbst bildeten sich zwei neue Berufe mit unterschiedlichsten Qualifikationen und Aufgaben sowie verschiedenen Stellungen in der sozialen Rangordnung heraus: Zum einen der Maschinist – zum anderen der Heizer bzw. Kesselwärter. Mitunter waren jedoch die Aufgaben beider Tätigkeiten in einer Person vereinigt.

Der Maschinist hatte als erster Mann vor Ort die verantwortungsvolle Aufgabe, die Maschine zu beherrschen und zu steuern. Er mußte für den stets betriebsbereiten Zustand sorgen: Schmieren, Beobachten, Hören, Putzen, Warten. Sein Arbeitsplatz war das gesamte Maschinenhaus, vor allem aber das Dampfsteuerventil. Die blank geputzte Dampfmaschine im gekachelten Maschinenhaus – für die Betriebe ein Prestigefaktor ersten Ranges – war ebenso Ausdruck der gehobenen Stellung des erfahrenen Maschinisten.

Anders der Heizer: Trotz schwerster körperlicher und schmutziger Arbeit stand er weit unten auf der sozialen Rangleiter. Wer heute eine historische Dampfmaschine bewundert, sollte sich vorstellen, daß der Heizer Stunden vor dem Schichtbeginn seine Arbeit begann: Brennkammern säubern, Kohle schaufeln, anheizen, den Wasserstand regeln, die Kesselaggregate kontrollieren – stets Staub, Ruß, Lärm und hohen Temperaturen und der Gefahr einer Kesselexplosion ausgesetzt. Seine oberste Aufgabe bestand darin, den notwendigen Dampfdruck für die Maschinenleistung zu erreichen. Er mußte mit Sorgfalt und Erfahrung die Kohlebeschickung des Feuers erledigen. „Ein guter Heizer", so schrieb C. Matschoß 1908, „galt nicht mit Unrecht als Garant für die beste rauchlose Feuerung" – lange Zeit die einzige Lösung für ein im wörtlichen Sinne brennendes Umweltproblem.

Abbildungen

oben links: Maschinist, um 1900

oben rechts: Stahlwerke Rich. Lindenberg AG Remscheid, Heizer im Kesselhaus, 1910

unten: Dampfmaschine im Maschinenhaus der Fa. H. Reinoldt, Remscheid, historische Aufnahme

Die Reinoldt'sche Dampfmaschine

Die 1884 in Remscheid gegründete Werkzeugfabrik Heinrich Reinoldt stellte für den wachsenden Bedarf des Ruhrbergbaus Grubenwerkzeuge her.
Auszug aus dem Remscheider Adressbuch 1913:

Firma Heinrich Reinoldt
(Prokura: Ehefrau des Inhabers und Gustav Melchers),
Fabrik für Bergbau und Maschinenbaubedarf
- Abt. 1: Bergbauwerkzeuge
- Abt. 2: Stahlkeile, Keilstahl, Stellringe, Stellschrauben usw.
- Abt. 3: Präzisionszieherei von Stahl- u. Eisenstangen
- Abt. 4: Transmissionsstahlwellen gedr. poliert
- Abt. 5: Selbstzentrierende Spannfutter, System Cushman

Blumentalstraße 2, Reinoldt, Heinrich
Inhaber der Fa. R., Blumentalstraße 10

In den Jahren von 1907 bis 1917 versorgte eine Liegende-Expansions-Tandem-Dampfmaschine mit Ventilsteuerung und stehendem Fliehkraftregler die Fabrik mit Elektrizität und der benötigten Antriebskraft für zeitweise über 100 transmissionsgetriebene Werkzeugmaschinen.
Hersteller der Dampfmaschine :
J. W. Engelhardt & Co Maschinenfabrik Fuerth i. Bayern, Baujahr 1907, Fabrik-Nr. 255

Technische Daten:

1 Hochdruckzylinder	450 mm ø
1 Niederdruckzylinder	700 mm ø
Hub	780 mm
Dampfdruck	8 – 12 Atmosphären (bar)
Leistung	ca. 225 PS (= 165 kW)
Schwungrad	3 900 mm ø
Umdrehungen/Minute	ca. 90
Gewicht	20 t

Abbildung

Die Dampfmaschine im Maschinenhaus der Fa. H. Reinoldt, Remscheid, historische Aufnahme

Im Zuge der allgemeinen Elektrifizierung führte die Firma Reinoldt 1917 den Elektromotor als Maschinenantrieb ein. Die Dampfmaschine wurde stillgelegt, jedoch über Jahrzehnte erhalten und gepflegt. Nach gründlicher Überholung konnte sie im Deutschen Werkzeugmuseum wieder aufgebaut werden. Aus Sicherheitsgründen verbietet sich der Dampfbetrieb; ein Elektromotor von 22 kW Leistung setzt die Dampfmaschine mit 45 Umdrehungen/Minute in Bewegung.

* **Das Ei des Columbus.** Ein Wagenlenker, der per Achse gestern nachmittag einen für die Firma Heinrich Reinholdt, Alexanderstraße, bestimmten Dampfkessel größeren Kalibers nach seinem Bestimmungsorte zu transportieren hatte, geriet an der Bahnunterführung zu Stachelhausen mit seinem Wagen in arge Verlegenheit. Der auf demselben gelagerte Kessel berührte mit einem Teilstück die Brücke, wodurch es anscheinend unmöglich wurde, den Viadukt zu passieren. Der Fuhrmann, der mit sich beratschlagte, was da zu machen sei, konnte lange zu keinem Entschluß kommen, bis einer der inzwischen hinzugetretenen Zuschauer den nicht gerade ungeniösen, jedoch originellen Vorschlag machte, für die Wagenspur eine vertiefte Furche in den Boden zu ziehen, welche den überragenden Teil des Kessels ausgleichen sollte. Rasch wurden Hacke und Schippe zur Stelle geschafft und nach wenigen Minuten war die Vertiefung hergestellt, sodaß der Wagen ungehindert die Unterführung passieren konnte. Mit dem Ausruf „Donnerwetter! dat hät ech uhch wichten können," fuhr hierauf der pfiffige Rosselenker von dannen.

Remscheider Generalanzeiger 16. August 1894

Dampfmaschine und Werkzeugmaschinen

Im 18. und 19. Jahrhundert führte die stürmische Entwicklung von Technik und Wissenschaft in die industrielle Revolution. Arbeitsteilung und Spezialisierung der Produktion, kapitalintensive Mechanisierung, Nutzung neuer Energiequellen, organisatorische Neustrukturierung der gewerblichen Arbeit – von der Werkstatt zur Fabrik – waren die charakteristischen Merkmale. Wirtschaftliche, soziale und kulturelle Umwälzungen größten Ausmaßes begleiteten diese Zeit der Industrialisierung. Symbol alldessen wurde die Dampfmaschine. Bestimmend und ausschlaggebend für den Durchbruch der industriellen Revolution in der Metall verarbeitenden Wirtschaft waren jedoch die neuen Werkzeugmaschinen.

Die Entwicklung der Werkzeugmaschinen ist eingebunden „in ein Beziehungsgeflecht zwischen Dampfmaschine – Maschine – Werkstück – Mensch und nur als solches zu erfassen und zu verstehen". Bohrmaschine, Presse und Stanze, Drehbank, Fräsmaschine und andere Maschinen bestimmten die fortschreitende Mechanisierung der Güterfertigung. Damit eng verbunden waren Standardisierung und Normung, die zur Serien- und Massenproduktion (auch von Werkzeugen) in einem bisher nicht bekannten Grad der Genauigkeit führten. (V. Benad-Wagenhoff, 1993)

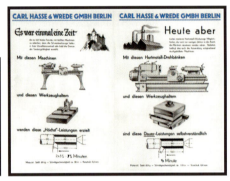

RGA 22. August 1894

Abbildungen

oben links: Freistehende Bohrmaschine mit elektrischem Antrieb, 1892 (Foto: Deutsches Museum München)

oben Mitte: Universal-Schnellbohrmaschine, 1880 (Foto Deutsches Museum München)

oben rechts: Drehbankwerbung, um 1940

unten links: Hochleistungs-Schnelldrehbank, um 1965

unten rechts: Aus dem Adressbuch der Stadt Remscheid, 1910

Die Transmission

Die Transmission als Vorrichtung zur Kraftübertragung steht von jeher mit Werkzeugmaschinen und Arbeitsmaschinen aller Art in enger Verbindung. Von der Kraftquelle übermittelt sie die Antriebskräfte zu den Verbrauchsstellen – hier von der Dampfmaschine zu den Werkzeugmaschinen.

Ein Treibriemen, häufig wurden auch Treibseile benutzt, bringt die Energie des Schwungrades der Dampfmaschine auf die Riemenscheibe der Transmissionswelle. Diese, oft von beträchtlicher Länge und in der Regel unter der Raumdecke befestigt, verlief hinaus in den Maschinensaal. Dort drehen sich mit der Welle weitere auf ihr montierte Riemenscheiben. Mit Hilfe kleinerer Treibriemen stellen sie den Kraftfluß zu den Maschinen her.

An der Werkzeugmaschine übernehmen Stufenscheiben (Regelung mehrerer Geschwindigkeiten) die Drehbewegung. In geringer Höhe und anfänglich ohne Sicherheitsabdeckung angebracht, stellten die Stufenscheiben eine erhebliche Gefahrenquelle dar.

Bis zur Einführung (vor allem zwischen 1895 und 1912) anderer Antriebe der Werkzeugmaschinen, überwiegend Elektromotoren, prägte die Transmission ganz entscheidend das Bild des Werkstatt- und Fabrikarbeitsplatzes. Ein unübersichtliches Riemengewirr bewegte Maschinen und Menschen.

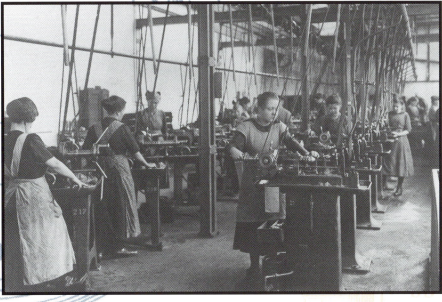

Abbildungen

oben links: Mechanische Werkstatt (Dreherei, Fräserei) der Fa. Gebr. Saacke, Präzisionswerkzeuge, Pforzheim, Mai 1900

oben rechts: Transmission und Drehbänke, Maschinensaal einer Remscheider Werkzeugfabrik, um 1912

Mitte: Transmissionsgetriebene Werkzeugmaschine, Remscheid, um 1922

unten: Prinzipskizze einer Transmissionsanlage

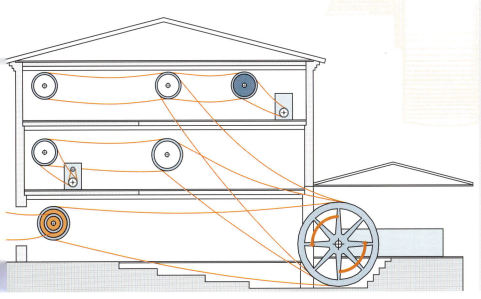

Der Einsatz von Elektromotoren in der Remscheider Eisen- und Metallindustrie 1894 – 1925

Jahr	Zahl der Elektromotoren	Verbrauch in kW/h
1894	2	4 628
1895	22	65 267
1896	37	149 728
1897	63	239 888
1898	99	374 184
1899	133	530 818
1900/1901	157	712 291
1905/1906	194	945 397
1908/1909	288	1.444 649
1911	509	6.041 336
1912	650	10.630 931
1925	1480	keine Angaben

Werkzeugmaschinen

Werkzeugmaschine ist eine Sammelbezeichnung für alle mit einem Antrieb versehenen Vorrichtungen (Halterung und Werkzeug), die dazu dienen, einem Werkstück die gewünschte Form oder Oberflächenbeschaffenheit zu geben. Es sind Maschinen zur spanenden Bearbeitung, wie Drehbank, Hobelmaschine, Schleifmaschine, Bohrmaschine, Fräsmaschine, oder Maschinen zum Umformen, wie Presse oder Maschinenhammer.

Der Aufbau aller Werkzeugmaschinen zeigt grundlegende Baugruppen (Grundsysteme für Grundfunktionen), wie Bett oder Gestell, Antriebssysteme, wie Transmissionen oder Motoren, und ergänzende Baugruppen (Hilfssysteme für Hilfsfunktionen), wie Schmierung und Kühlung.

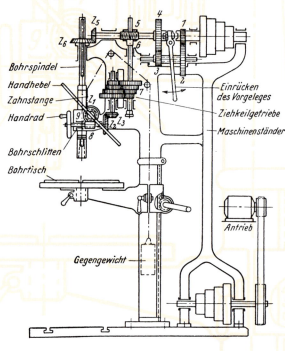

Abbildungen

oben rechts: Ständerbohrmaschine, 1870
Mitte links: Prinzipskizze einer Säulenbohrmaschine, 19./20. Jh.
Mitte rechts: Drehbank (Drehautomat), um 1937

Grundsätzliche Funktionen und Systeme an Werkzeugmaschinen

Grundfunktionen
Tragen, Kräfte ableiten
Werkzeug halten und führen
Werkstück halten und führen
Energie zuführen
Information zuführen

Systeme
Gestell
Werkzeugträgersystem
Werkstückträgersystem
Antriebssystem
Steuersystem

Hilfsfunktionen
Werkzeug, Werkstück handhaben
Wirkstelle kühlen, schmieren
Späne abführen
Führungsflächen schmieren

Hilfsysteme
Handhabungssytem
Kühlschmiersystem
Entsorgungssystem
Schmiersystem

Entwicklung der Antriebssysteme

Hand- und Fußantrieb durch den Menschen

Laufräder für Mensch und Tiere

Wasserkraft und Windkraft

Dampfkraft (Dampfmaschine und -turbine)

Verbrennungsmotoren für Gas, Petroleum, Benzin und Diesel

Elektrische Energie (Elektromotoren)

Dreher an der Drehbank, Fa. Stahlwerke Richard Lindenberg AG, Remscheid, 1910

Mensch und Werkzeugmaschine

Die Mechanisierung der Metallverarbeitung im Zuge der industriellen Revolution nahm mit dem Einsatz der Werkzeugmaschinen dem Menschen das Werkzeug aus der Hand. Nicht die Verringerung seiner Kenntnisse und Fertigkeiten, sondern die Steigerung beruflicher Anforderungen waren die Folge – der Beruf des Facharbeiters entstand. Diese Berufe erlebten im weiteren Verlauf mit jeder Mechanisierungs- und Automatisierungsstufe ein ständiges Auf und Ab ihres Qualifikationsprofiles – ein Abbild des technisch-sozialen Wandels der industriell geprägten Gesellschaft.

Mit Bohrmaschine, Exzenterpresse und Drehbank werden drei Typen von Werkzeugmaschinen ausgestellt, die zusammen mit Hobel- und Fräsmaschinen die Metallverarbeitung revolutionierten. Sie ermöglichen die Fertigung schon bekannter und neu entwickelter Produkte in immer präziserer Ausführung, in immer größeren Stückzahlen und in immer zahlreicheren Varianten. Die Werkzeugmaschinen waren für die im 19. Jahrhundert einsetzende Wandlung der handwerklich-gewerblichen zur industriellen Arbeit verantwortlich. Sie erlangten ausschlaggebende Bedeutung im Zuge der Industrialisierung der Metall verarbeitenden Wirtschaft.

In der Werkzeugfertigung entstanden im letzten Drittel des 19. Jahrhunderts Kleinbetriebe, die den Rahmen des Handwerks überschritten, aber noch nicht als Fabrik anzusehen waren. Sie verfügten über Werkzeugmaschinen mit Motorenantrieb, hatten aber nur eine geringe Beschäftigtenzahl. Der Inhaber arbeitete persönlich mit. Diese Produktionsform wird als „Kleineisenindustrie" bezeichnet. Der Betrieb in der Kleineisenindustrie kann „als eine ausgesprochene Mischform des maschinellen Quantitätsbetriebes mit Verbilligungstendenz für die Massenerzeugnisse und des arbeitsteilig organisierten manuellen, das ist handwerksmäßigen Qualitätsbetriebes bezeichnet werden."

(Franz Ziegler, 1901)

Abbildungen

oben links: Bolzt, Der Maschinenbauer, Lehrbuch, 1900

oben Mitte: Fabrikschlosserei, 1935

Mitte links: Schleifen von Maschinenmessern, Fa. Josua Corts Sohn, Remscheid, um 1895

Mitte: Dreherei, Fa. Friedr. Ohler, Sägenfabrik, Remscheid, um 1940

Mitte rechts: Fabrikschlosserei, transmissionsgetriebene Werkzeugmaschinen, 1935

Mitte rechts Querformat: Der Dreher Walter Freitag (Bildmitte), 1917

unten links: „Mechanische Werkstatt" mit transmissionsgetriebenen Werkzeugmaschinen, Fa. Richard Lindenberg AG, Remscheid, um 1910

Mechanische Werkstatt mit transmissionsgetriebenen Werkzeugmaschinen, Fa. Hentzen u. Co., Remscheid, um 1912

Industrielle Werkzeugfertigung

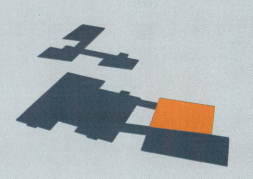

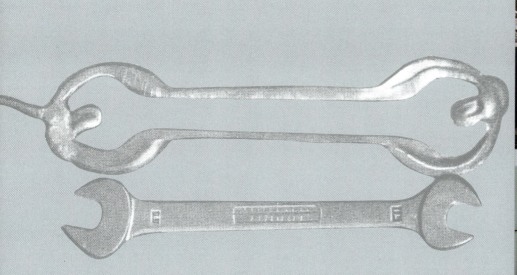

Werkzeugfabrik

Die Veränderungen in der Werkzeugherstellung führten von der Schmiede, dem Kotten oder dem Wasserhammer über größere Werkstätten und „Kleinfabriken" zum voll ausgebildeten Fabrik- und Industriebetrieb. Dieser setzte sich um und nach 1900 auch in der Werkzeugfertigung immer stärker durch, ohne daß allerdings die kleinen Betriebe ihre Existenzgrundlage verloren. Vielmehr entwickelte sich eine vielfältige Arbeitsteilung zwischen den einzelnen Produktions- und Betriebsformen.

Die Kennzeichen einer idealtypischen Werkzeugfabrik nach 1900 waren:
- Zusammenfassen aller oder doch möglichst vieler Arbeitsschritte in ausgedehnten, oft mehrstöckigen Produktionsanlagen mit innerer räumlicher Aufteilung in verschiedene Werkstätten
- Einsatz von Maschinen in größerem Umfang
- größere Beschäftigtenzahl
- entwickelte Arbeitsteilung mit beruflicher Differenzierung der Beschäftigten, sowohl in der Produktion (z.B. Schmiede, Schlosser, Dreher, Fräser, Schleifer) als auch bei der Ausgliederung kontrollierender, entwerfender, kalkulierender Tätigkeiten aus der eigentlichen Produktion selbst (z.B. Vorarbeiter und Werkmeister, kaufmännisches Personal, technisches Personal)
- strenge Zeitstruktur beim Produktionsablauf (z.B. genau geregelte Arbeitszeiten, Schichtbetrieb)
- großer Kapitaleinsatz, der zu neuen Gesellschaftsformen führt (z.B. GmbH, Aktiengesellschaft)
- Serienfertigung in großen Stückzahlen
- Rohstoffbezug aus anderen Regionen
- Produktabsatz in andere Regionen und Erdteile

Beschreibung des Sägen- und Machinenmesserherstellers C. W. Haas, Remscheid:

„Heute trägt das Unternehmen das volle Gepräge eines Großbetriebes; außer acht großen Schleifsteinen, drei Kreissägeschleifmaschinen, zehn Mähmesserschleifmaschinen sind, einschließlich der Handpressen und Handscheren, insgesamt 113 Hilfsmaschinen vorhanden, darunter bis 12 Fräsmaschinen zum Zahnen der Kaltkreissägen, fünf Fallhämmer, 20 Exzenter- und Friktionspressen und die bereits aufgeführten Maschinen…
Mit der Entwicklung der vorliegenden typischen Unternehmung zum Großbetrieb stieg die Arbeiterzahl, die im Jahre 1895 nur noch etwa 50 – 60 betrug, auf 125 – 150 im Durchschnitt der letzten Jahre. Als Betriebsbeamte sind ein technischer Betriebsleiter und vier Abteilungsmeister beschäftigt." (Ziegler, 1910)

Abbildungen

oben links: Fabrikanlage von Beché & Grohs, Hückeswagen, um 1925

Mitte links: Maschinensaal, Schmalkalden, um 1900

Mitte rechts: Fräsmaschine, Schmalkalden, 1930

unten rechts: Betriebskantine, Remscheid, um 1930

Fabrikdisziplin

Die industrielle Fertigung in einer Werkzeugfabrik verlangte eine straffe Struktur der Arbeitszeit. Organisation der Produktion und Maschineneinsatz konnten so am besten geregelt werden. Die Arbeiter hatten nun zu bestimmten, genau festgelegten Zeiten an ihren Arbeitsplätzen anwesend zu sein. Der Rhythmus der Fabrikuhr, der Fabrikglocke oder der Fabrikpfeife prägte das Leben der Beschäftigten, nach ihm wurde der Tag ausgerichtet.

Die Einhaltung der Arbeitszeit wurde kontrolliert, durch den Vorgesetzten, in größeren Werken auch durch den Pförtner. Ebenso konnte auch die Stechuhr diese Kontrolle übernehmen, an der man sich bei Betreten der Fabrik „einzustempeln" und beim Verlassen derselben „auszustempeln" hatte. Vergehen gegen die Arbeitszeiten, die oft in Fabrikordnungen festgeschrieben waren, wurden in der Kaiserzeit mit Geldstrafen, auf jeden Fall aber mit Lohnabzug, sanktioniert.

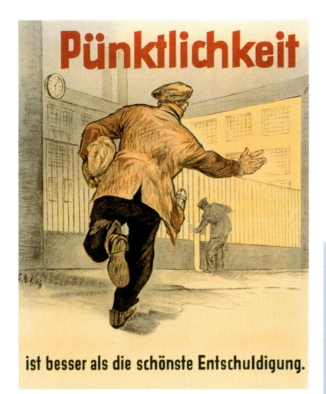

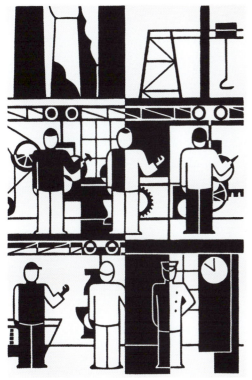

Abbildungen
oben: Plakat, um 1950
unten: Gerd Arntz, „Fabrik", 1927

Aus der Arbeitsordnung der Werkzeug- und Maschinenmesserfabrik W. Ferd. Klingelnberg Söhne, Remscheid 1912:

§11 Arbeitszeit
Die regelmäßige tägliche Arbeitszeit dauert, wenn vorübergehend nicht andere Bestimmungen getroffen sind: Montag bis Freitag von $6^{1}/_{2}$ Uhr morgens bis 7 Uhr abends, Samstag von $6^{1}/_{2}$ Uhr morgens bis 1 Uhr nachmittags. Für alle Zeitbestimmungen ist die Werksuhr maßgebend; Einwendungen hiergegen sind unter allen Umständen hinfällig.

§12 Ruhezeit
Als Ruhezeit zwischen der regelmäßigen Arbeit gilt:
a) für über 16 Jahre alte Arbeiter die Zeit:
    morgens von $9 - 9^{1}/_{4}$ Uhr,
    mittags von $12 - 1^{1}/_{2}$ Uhr,
    nachmittags von $4 - 4^{1}/_{4}$ Uhr.
b) für jugendliche Arbeiter:
    morgens von $9 - 9^{1}/_{2}$ Uhr,
    mittags von $12 - 1^{1}/_{2}$ Uhr,
    nachmittags von $4 - 4^{1}/_{2}$ Uhr.

Anfang und Ende der Arbeits-, sowie der Ruhezeiten werden jedesmal durch ein Signal angezeigt. In denjenigen Werkstätten, in welchen die Art des Betriebes die Einhaltung regelmäßiger Ruhepausen oder bestimmter Schlußzeiten nicht zuläßt, richten sich dieselben nach den Anforderungen des Betriebes.

Werkmeister und Angestellte

In der Werkzeugfabrik konnte der Unternehmer bei der Werkzeugfertigung nicht mehr überall gegenwärtig sein: Vielmehr wurden nun leitende, kaufmännische, technische und kontrollierende Funktionen auf andere Personen übertragen. Es entstand die Gruppe „des neuen Mittelstands, der Werkmeister, Techniker, Ingenieure und anderer Privatbeamten" (Ziegler, 1910). Diese hatten eine Mittelstellung zwischen Arbeiter- und Unternehmerschaft: Auf der einen Seite selbst abhängig beschäftigt, waren sie auf der anderen Seite Vorgesetzte und weisungsberechtigt gegenüber den Arbeitern.

Während kaufmännische und technische Abteilungen bei größeren Werkzeugfabriken räumlich aus der Produktion ausgegliedert wurden, verblieb der Werkmeister in der jeweiligen Fabrikabteilung bzw. -werkstatt. Allenfalls eine eigene Bude, die Werkmeisterbude, war in größeren Fabriken baulicher Ausdruck seiner besonderen Rolle im Produktionsprozess und in der betrieblichen Hierarchie: die Arbeiter und Arbeiterinnen bei dem jeweiligen Produktionsschritt anzuleiten und zu überwachen.

Werkmeister der Werkzeugindustrie waren im branchenübergreifenden Deutschen Werkmeisterverband organisiert. Dieser wurde 1884 gegründet und hatte 1910 mehr als 50 000 Werkmeister aller Industriezweige in seinen Reihen, davon allein 192 aus Remscheid. Der Deutsche Werkmeisterverband gab eine eigene Zeitschrift, die „Werkmeisterzeitung" heraus und unterstützte seine Mitglieder in beruflichen und sozialen Belangen.

Die „Arbeitsordnung" für das Adlerstahlwerk Rud. Deus & Co. GmbH, Remscheid, 1918 hält fest:
„§7.
Die Vorgesetzten der Arbeiter sind:
die Aufseher und Werkmeister,
die Betriebsleiter und Verwaltungsbeamten,
die Werksbesitzer.
§8.
Alle Arbeiter sind ihren Vorgesetzten im Dienste sowie den mit der Aufrechterhaltung der Ordnung auf dem Werke betrauten Personen (Portiers, Wächtern, Feuerwachen etc.) unbedingten Gehorsam schuldig. Ungehorsam und Widersetzlichkeit gegen dieselben berechtigen zur sofortigen Entlassung."

Abbildungen
oben links: Betriebsbüro, Remscheid, um 1899
oben rechts: Betriebsschreiber, Remscheid, 1916
Mitte links: Werkskontor, Remscheid, vor 1914
Mitte rechts: Arbeitsbuch
unten rechts: Ingenieur und Arbeiter, Pforzheim, um 1900

Industrielles Gesenkschmieden

Unter Gesenken versteht man Formwerkzeuge, die der Formgebung von glühendem Eisen oder Stahl beim Schmieden dienen. Beim Niedergehen des Schmiedehammers bzw. des sogenannten „Hammerbärs" wird der Werkstoff in die beiden Gesenkteile, das am Hammerbär befindliche Obergesenk und das auf dem Amboß befestigte Untergesenk, gepreßt. Um die Form auszufüllen, muß überschüssiger Werkstoff, das heißt Eisen oder Stahl, vorhanden sein, der als Grat aus dem Gesenk herausgepreßt wird. Dieser erkaltet schneller als der in der Form befindliche Werkstoff und verhindert somit das weitere Ausfließen des Werkstoffes.

Bei der industriellen Werkzeugherstellung spielt das Gesenkschmieden eine besondere Rolle. Die technische Vervollkommnung des Gesenkschmiedeverfahrens durch die verschiedenen Hammertypen seit der zweiten Hälfte des 19.Jahrhunderts war eine wichtige Grund-lage für die industrielle Serienfertigung von Werkzeugen. Von den verschiedenen Verfahren des Gesenkschmiedens wurde für die Fertigung von Handwerkzeugen besonders das Schmieden vom Spaltstück angewandt. Dieses wurde mittels Exzenterpresse kalt von Flachstahl abgeschert. Es hatte die für das Schmiedestück erforderliche Massenverteilung bereits vor dem Umformen. Handwerkzeuge wurden in einer Gesenkschmiede oder Werkzeugfabrik im Allgemeinen folgendermaßen hergestellt:

Die auf Rot- oder Weißglut erhitzten Spaltstücke wurden mechanischen Schmiedehämmern, wie etwa Fallhämmern, Dampfhämmern oder Lufthämmern, zugeführt. Sodann wurde das glühende Spaltstück zwischen Ober- und Untergesenk gehalten, der Hammerbär fallen gelassen, wobei sich das Spaltstück dann verformte. Das Schmieden im Gesenk wird in dieser Form in zahlreichen Werkzeugfabriken noch heute weitgehend so praktiziert.

Von den verschiedenen Produktionsschritten, die ein Werkzeug bei seinem Herstellungsprozeß durchläuft, sei stellvertretend noch das Härten genannt. Das Härten hat ausschlaggebende Bedeutung für die Qualität des späteren Werkzeuges. Denn die Härte, der Widerstand, den ein Körper dem Eindringen eines anderen Körpers entgegensetzt, bestimmt maßgebend die Einsatzfelder der Werkzeuge. Bei Stahl unterscheidet man die Naturhärte, die vom Stahlwerk her vorhanden ist, die Glashärte, die bei maximaler Glühtemperatur von 700 °C bis 750 °C und unmittelbarem Abschrecken erreicht wird und die Anlaßhärte (Gebrauchshärte), die Stahl durch langsame Erwärmung auf mittlere Temperaturen nach dem Härten annimmt.

Bandkupplung

Riemen

Hammerbär mit Aussparung für Obergesenk

Amboß mit Untergesenk

Abbildungen

oben links: Arbeiter am Härteofen, Schmalkalden, um 1930

oben rechts: Feilen-Schmiede, Fa. Gottlieb Corts, Remscheid, um 1900

Mitte: Industrie-Schmiede, Fa. Ferd. Klingelnberg Söhne, Wermelskirchen, um 1930

unten links: Fallhammer, um 1900

unten rechts: Härte-Rundofen (Sandbad) zum Erhitzen von Werkstücken vor dem Abschrecken, Remscheid, um 1930

Industrielle Herstellung von Schraubenschlüsseln

Der Schraubenschlüssel ist ein Werkzeug zum Fest- und Losdrehen von Schrauben und Muttern. Mit festen oder verstellbaren Einschnitten (Maul) und/oder Löchern (Ring) bzw. Steckeinsätzen versehen, wird er auf den Schraubenkopf oder die Mutter geschoben bzw. gesteckt und als Hebel benutzt. Maul, Ring und Steckeinsatz stimmen durch Normung mit den Größen der Schraubenköpfe und Muttern überein.

Der Schraubenschlüssel, ein „junges" Werkzeug, kann als Kind der Industrialisierung betrachtet werden. Denn Schraube und Mutter wurden erst im Maschinenzeitalter zu allgemein benutzten Massenprodukten. Überall dort, wo Schraube und Mutter zur Herstellung lösbarer Verbindungen, zum Einstellen von Maschinen und Apparaten und zur Ausübung von Druck eingesetzt werden, liegt das Anwendungsfeld des Schraubenschlüssels. Dementsprechend vielfältig sind die Form und Größe der Ausführungen des Schraubenschlüssels.

Schraubenschlüssel wurden in einer Werkzeugfabrik folgendermaßen hergestellt:
Zunächst wurden die formgerechten Spaltstücke mittels Exzenterpressen vom Flachstahl kalt abgetrennt. In Anwärmöfen auf Schmiedetemperatur erhitzt, wurden sie unter dem Fallhammer im Gesenk geschmiedet. Es folgten das Abgraten der Werkzeugrohlinge und die spanabhebende Bearbeitung: Mit Fräsmaschinen wurden Kopf und Maul sauber gefräst und geräumt, mit Schleif- und Pliesmaschinen die Gratbahnen geschliffen. Danach wurden die Schlüssel in Härte- und Anlaßöfen gehärtet und „angelassen", um ihnen die volle Gebrauchsfähigkeit als Qualitätswerkzeuge zu geben. Richten, Kalibrieren (Prüfen der Toleranzgrenzen), Sandstrahlen, Feinstpliesen und Polieren, jeweils mit den entsprechenden Maschinen und Anlagen, schlossen die mechanische Bearbeitung ab. Durch Vernickeln und Verchromen erfolgte schließlich ein Korrosionsschutz.

Diese Arbeitsgänge haben sich bis heute weitgehend erhalten.

Industrielle Schraubenschlüssel-Produktion

Spaltstück

Schmiede Rohling

Grat ausgestanzt
Schlüssel Rohling entgratet

Schlüssel sandgestrahlt und gefräst

Schlüssel geschliffen

Schlüssel gepliest

Schlüssel gehärtet

Schlüssel gerichtet und kalibriert

Schlüssel feingepliest

Schlüssel vernickelt und poliert

Schlüssel verchromt

Abbildungen

oben links: Gesenkschmieden, glühendes Spaltstück auf dem Untergesenk, Fa. DOWIDAT, Remscheid, um 1958

Mitte links: Fertige Schraubenschlüssel (Steckschlüssel), Fa. Heyco-Werk, Remscheid, um 1960

Mitte rechts: Räumen eines Ringschlüssels, Fa. HAZET-Werk Hermann Zerver, Remscheid, um 1960

unten links: Schraubenschlüssel, Vernickeln bzw. Verchromen, FA. DOWIDAT, Remscheid, um 1960

Industrielle Herstellung von Zangen

Die Zange ist ein Werkzeug, das zum Greifen, Festhalten, Bewegen und Bearbeiten von Werkstücken und Gegenständen dient. Sie besteht im Wesentlichen aus zwei gekreuzten, durch Niet oder Schraube gelenkig oder zusätzlich verstellbar, miteinander verbundenen Schenkeln. Deren längere Teile bilden die Griffe, die kürzeren Teile (Backen) dienen zum Fassen und Bearbeiten des Werkstückes.

In Deutschland begann nach 1880 die industrielle Massenfertigung von Zangen, verbunden mit der Einführung neuer Werkzeugmaschinen. Zahlreiche Zangentypen mit verschiedenen anwendungstypischen Formen wurden hergestellt, z.B. Flachzangen, Spitzzangen, Kneifzangen, Telegrafenzangen oder Rohrzangen. Mehrere Funktionen vereinigt die Kombizange.

Kombizangen wurden folgendermaßen hergestellt:

Zuerst wurden Stahlstangen unter einer Exzenterpresse in Spaltstücke von Zangenlänge zerschnitten. Die Stücke wurden im Schmiedeofen auf Weißglut erhitzt und unter dem Fallhammer im Gesenk geschmiedet. Der den entstandenen Zangenrohling noch umgebende Grat wurde entfernt, es folgten das Bohren und Ansenken des Nietlochs, das Fräsen des Gelenks, der Backenprofile und der Rückseiten der Schneiden. Mit dem Zusammenlegen, Verbinden und Richten der beiden Zangenhälften wurde die Montage abgeschlossen.

Neben Material und Verarbeitungsgüte bestimmte der nun folgende Härteprozess die Qualität der Zange. Griffpaar, Gelenk und Greifbacken mußten zäh, verschleißfest und federnd, die Schneiden hart sein. Dies wurde durch Erhitzen und nachfolgendes Abschrecken der Zange im Ölbad sowie durch das folgende Anlassen, Erwärmen über ein bis zwei Stunden, erzielt. Abschließend erfolgte die Endbearbeitung der Zangenoberfläche und oft ein Nachhärten der Schneiden sowie das Aufbringen von Griffhüllen oder von Überzügen. Diese Arbeitsgänge sind bis heute weitgehend zu finden.

 Rohmaterial in Stäben

 Spaltstück, Stab auf Länge des Schmiedeteils zugeschnitten

 Schmiedeteil warm gebogen

 Schmiedeteil fertig geschmiedet, mit Grat

 Grat ausgestanzt

 Rohling, Schmiedeteil entgratet

 Rohling gebohrt, gefräst

 Zange montiert, genietet, gerichtet

 Zange grob geschliffen

 Zange gehärtet, vergütet, Schneiden nachgehärtet

 Zange fein geschliffen (gepliest)

 Zange poliert, über Nickel hochglanz-verchromt

 Zange mit Griffhülle

Abbildungen

oben links: Am Zeichenbrett – Zangenkonstruktion, Fa. KNIPEX, Wuppertal, um 1955

Mitte links: Zangenschleifen, Fa. KNIPEX, Wuppertal, um 1958

unten rechts: Zangenfertigung, am Härteofen, Schmalkalden, um 1930

Industrielle Herstellung von Sägen

Die Säge gehört zu den ältesten Werkzeugen des Menschen. Sie ist ein spanabhebendes Gerät zum Trennen unterschiedlichster Werkstoffe und Materialien. Über Jahrtausende gab es nur längliche Sägeformen; die Erfindung der Kreissäge erfolgte erst um 1800. Die aus Qualitätsstahl bestehende Metallsäge zum Trennen von Metall findet sich erst nach 1885. Im Laufe der Zeit wurde eine Vielzahl von Spezialsägen für unterschiedlichste Anforderungen entwickelt. Sie unterscheiden sich nach Material, Materialkombination, Form, Größe und nach Ausbildung der Sägezähne (Bezahnung).

Bis in die Mitte des 19. Jahrhunderts wurde das Sägeblatt vom Sägenschmied aus Stahlstangen ausgeschmiedet. Eine vollständige Umwälzung der Sägenherstellung brachte erst das Aufkommen industriell erzeugter Stahlbleche nach 1840.

Sägen wurden in einer Werkzeugfabrik im allgemeinen in folgenden Arbeitsgängen hergestellt: Schneiden der Stahlbleche, Zahnen, Härten und Anlassen der Rohsägen, Richten, Schleifen und Polieren, Schränken und Schärfen der Sägezähne.

Aus Stahlblechen wurden die benötigten Stückgrößen herausgeschnitten. Die exakten Sägeformen bildeten sich beim folgenden Zahnen. Dies, das heißt das Ausstanzen der Sägezähne, übernahmen Zahnmaschinen. Um der Säge die zum Zerspanen notwendige Härte, Festigkeit und Elastizität zu geben, folgte der Härtevorgang: Glühen, Abschrecken, Anlassen. Die Härterei stellte eines der wichtigsten Arbeitsfelder in der Sägenfabrik dar. Härter waren daher begehrte Facharbeiter, die über Fingerspitzengefühl und viel Erfahrung verfügen mußten.

Daneben spielte für die Sägenqualität das Richten die entscheidende Rolle. Es diente dazu, das Sägeblatt vollständig plan zu bekommen und ihm eine Eigenspannung zu geben. Durch letztere wurde die Wärmedehnung der äußeren Sägeteile beim Sägevorgang nach innen ausgeglichen. Die gute, gleichmäßige Richtung überprüfte der Sägenrichter per Augenschein und mit dem Richtlineal. Schleifen und Polieren hatten den Zweck, die Oberfläche des Sägeblattes zu glätten, um bei der Anwendung Reibung und Kraftaufwand zu verringern.

Um einen seitlichen Freischnitt im Werkstück zu ermöglichen, wurde die Säge geschränkt. Die Sägezähne wurden abwechselnd nach rechts und links auseinander gebogen.

Die letzte Bearbeitungsstufe umfaßte das Schärfen der Sägezähne. Diese Arbeitsschritte haben sich bis heute weitgehend erhalten.

Sägen für Metallbearbeitung
Metal-saws for metal-working
sierras para metales

Bragola-Werk, Remscheid-Hasten
Brucher Metallsägenfabrik Hesse & Welp, Remscheid
Fink & Sieper, Remscheid-Haddenbach

Sägen für Metallbearbeitung
Metal-saws for metal-working
sierras para metales

Harkort & Lohmann, Sudberg bei Cronenberg-Rhld
Hillringhaus A., Remscheid
Klein & Westenberger, Komm.-Ges. Remscheid
Schmidt Julius, Remscheid-Dorfmühle
Stamm Carl G.m.b.H., Remscheid-Hasten
Wiedenhöfer Ernst, Bergische Metallsägen-Fabrik, Remscheid-Reinshagen

Abbildungen

oben links: Sägenrichter (Kreissägenfabrik), Remscheid, vor 1914

oben rechts: Sägenrichter, Remscheid, um 1900

unten links: Sägenschleifer an der „Sägenrutsche", Remscheid, um 1925

unten rechts: Sägenschärfer, Remscheid, um 1920

Von der Feilenfabrik zum Großkonzern

Mit einer kleinen Feilenschmiede fing Johann Henrich Mannesmann (1750 – 1815) in Remscheid an. Daraus entstand neben einem Handelsbetrieb auch eine erfolgreich arbeitende Feilenfabrik. Seine Urenkel, die Brüder Max Mannesmann (1861 – 1915) und Reinhard Mannesmann (1856 – 1922), hatten so die technischen und finanziellen Möglichkeiten, umfangreiche Versuche zu neuen Produktionsverfahren durchzuführen. Beide hatten noch das Feilenhauen gelernt, dann jedoch eine technisch-akademische Ausbildung erhalten. Ihr Erfindergeist führte schließlich zu Produkten wie dem nahtlosen Rohr.

Die Weiterentwicklung und Vermarktung dieser neuen Erfindung verlangte einen Kapitaleinsatz, den die Familie Mannesmann allein nicht aufbringen konnte. Mit der Erfindung des Schrägwalzverfahrens als Vermögenseinlage gründete sie bis 1889 mit verschiedenen Partnern Röhrenwerke in Bous a.d. Saar, Komotau / Böhmen, Landore / Wales und im heimischen Remscheid. Am 16. Juli 1890 wurden die kontinentalen Mannesmannröhren-Werke in die neu gegründete „Deutsch-Österreichische Mannesmannröhren-Werke Aktiengesellschaft" mit Sitz in Berlin eingebracht. Mit einem Grundkapital von 35 Millionen Mark gehörte das neue Unternehmen damit zu den zehn größten Kapitalgesellschaften im Deutschen Reich. Zum Vergleich: In jener Zeit verdiente ein Arbeiter in der Regel unter 1500 Mark im Jahr. Den erste Vorstand der Gesellschaft bildeten Reinhard und Max Mannesmann. Sie schieden aber bereits 1893 wieder aus. Im selben Jahr zog die Unternehmens-verwaltung von Berlin nach Düsseldorf, der Grundstein für einen Großkonzern war gelegt. Bis zum heutigen Tag werden nahtlose Rohre im „Mannesmann-Verfahren" hergestellt. Dazu sind ständig verschiedenste innovative Produktgruppen hinzugekommen.

Mannesmannrohre
Chronik einer Erfindung und eines Unternehmens für die Jahre 1882 – 1893

1882 Erste Versuche der Brüder Reinhard und Max Mannesmann in der väterlichen Feilenfabrik in Remscheid-Bliedinghausen aus massiven Metallstäben gestreckte Hohlkörper zu walzen.

1885 Aufstellung eines Schrägwalzapparates in Remscheid. Erstes Mannesmann-Patent für die Herstellung nahtloser Rohre im Schrägwalzverfahren.

1886 In der Nacht vom 21. zum 22. August gelingt es den Brüdern Mannesmann, das erste nahtlose Stahlrohr zu walzen.

1887 Bau eines Röhrenwerkes in Remscheid-Bliedinghausen durch Reinhard Mannesmann sen., den Vater der Erfinder.

1890 Gründung der Deutsch-Österreichischen Mannesmannröhren-Werke AG, Sitz Berlin, mit den Werken Remscheid, Bous/Saar, und Komotau/Böhmen.

1891 Erstes Patent auf das Pilgerschrittverfahren.
Inbetriebnahme der ersten Pilgerstraße in Remscheid.

1893 Verlegung der Hauptverwaltung der Deutsch-Österreichischen Mannesmannröhren-Werke von Berlin nach Düsseldorf.

Abbildungen

oben rechts: Stahlflaschenfabrik im Werk Bous, 1909

unten links: Mannesmannröhren-Werke, Werk Remscheid, 1909

unten rechts: Anzeige, 1922

Vom Werkzeug zum nahtlosen Rohr

Dampfkessel und industrielle Anlagen, Fahrzeug- und allgemeiner Maschinenbau sowie zentrale Energieversorgungsanlagen erforderten belastbare Rohre. Geschweißte Stahlrohre – wie sie seit 1845 von Albert Poensgen in der Eifel und ab 1860 in Düsseldorf hergestellt wurden – hatten zwangsläufig eine Naht. Diese hielt hohe Belastungen nicht aus, was zu gefährlichen Unfällen führte. Der Bedarf nach einem zuverlässigen, möglichst nahtlosen Rohr war deshalb groß.

> Das ist fürwahr ein Wundermann,
> Wie packt er Stahl und Eisen an!
> Er walzt es schräg, er zieht es quer,
> Er formt es, als ob es Butter wär;
> Trotz Widerstreben und Verdruß,
> Wenn es nicht folgen will – es muß!
> Drum steht ihm wohl der Name an,
> Der kräftig klingende „Mannesmann"!
>
> (Kladderadatsch, 1890)

Zwei Feilenfabrikantensöhne, Reinhard Mannesmann (1856 – 1922) und Max Mannesmann (1857 – 1915), stellten sich der Herausforderung. In der vom Vater geführten Feilenfabrik A. Mannesmann, Remscheid, versuchten sie, aus massiven Stahlblöcken Hohlkörper zu walzen. Dieses führte 1884 zur Konstruktion eines Schrägwalzapparates. Schon ein Jahr später wurde die Schrägwalzanlage fest installiert und als Patent „Schrägwalzverfahren nebst zugehörigem Walzwerk" angemeldet.

Mit dem Schrägwalzverfahren konnten jedoch nur kurze, dickwandige Rohre hergestellt werden. Im März 1890 wurde der Ingenieur Rudolf Bungeroth von Max Mannesmann in das neu gegründete Werk Komotau/Böhmen berufen. Dort arbeitete er zusammen mit den Brüdern Mannesmann an der Entwicklung eines neuen Verfahrens zur Ergänzung des Schrägwalzens und zur Herstellung dünnwandiger Rohre. Das neue Verfahren bestand darin, kurze, dickwandige, mit der Schrägwalze hergestellte Rohre auf einer besonders geformten Rundwalze über einen langen Dorn schrittweise auf „dünne Wand" auszuwalzen. Der Berliner Professor Franz Reuleaux verglich die hin- und hergehende Bewegung des auszuwalzenden Rohres mit der „Echternacher Springprozession" – drei Schritte vor, zwei zurück – und sprach von „Pilgerschritt". Das „Pilgerverfahren" wurde 1891 patentiert. Weitere Verbesserungspatente folgten.

Die Arbeit an der Pilgerwalze erforderte außerordentlichen körperlichen Einsatz der Arbeiter, sodaß immer abwechselnd mit einer zweiten und dritten Mannschaft gearbeitet werden mußte.

Die Erfindung des nahtlosen Rohrs war zwar keine Weiterentwicklung des Werkzeuges, kam jedoch der Werkzeugindustrie in vielfältiger Form zugute, sei es beim Einsatz von Dampf- und Werkzeugmaschinen, sei es beim Bau von Fabrikanlagen und Lagerhallen.

Abbildungen
oben links: Reinhard Mannesmann, 1881
oben rechts: Max Mannesmann, 1881
Mitte: Adjustage im Werk Remscheid, 1909

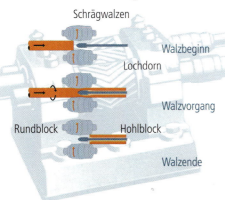

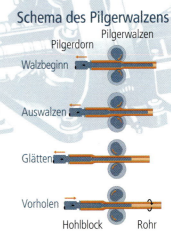

Werkzeugstähle: Vom Tiegel- zum Elektrostahl

Mit dem Beginn des Maschinenzeitalters stieg der Bedarf an Qualitätsstählen.

In der Mitte des 18. Jahrhunderts wurde in England das Tiegelstahlverfahren erfunden: Stahl wird bei 1 500°C in Tiegeln geschmolzen und gereinigt.

Das Tiegelstahlverfahren wurde in Deutschland erstmalig im Jahre 1812 bei Friedrich Lohmann in Witten und nahezu gleichzeitig bei Krupp in Essen eingesetzt. Jacob Meyer in Bochum gelang 1851 der Stahlformguß aus Tiegelstahl. Gegen Ende des Jahrhunderts wurden in größerem Umfang andere Metalle bei der Spezialstahlfabrikation miteingeschmolzen (Legierungen), z.B. Mangan, Wolfram, Chrom und Vanadium. Mit den „Schnellarbeitsstählen" (ab 1900) stiegen die Abtragsleistungen der Werkzeuge (Bohrer, Drehmeißel, Fräser u. a.) gewaltig an. Die Ära der legierten, extrem harten Werkzeugstähle begann. Sie leitete zur Herstellung der Elektrostähle über. Der Vorteil des Elektrostahlverfahrens liegt im schnellen Erreichen sehr hoher Temperaturen, großer Chargengewichte und des kontinuierlichen Betriebs. Seit den 1970er Jahren werden in Elektroöfen nicht nur legierte Edelstähle, sondern auch Massenstähle erzeugt. Kokillen wurden sowohl bei der Tiegel-, als auch bei der Elektrostahlerzeugung verwendet. Die hier gezeigten Kokillen dienten zum Stahl-blockguß. Das flüssige Metall wurde aus dem Ofen oder aus schwenkbaren Gießpfannen in die Kokillen gegossen (fallenden Guß).

Abbildungen

oben: Gießen von Tiegelstahlblöcken, Witten, um 1940

Mitte links: Tiegelofen mit zahlreichen Einsätzen für Tiegel von 30 bis 50 kg Inhalt, Remscheid, um 1900

Mitte: Abstich eines Lichtbogenofens, um 1960

Mitte rechts: Blick in ein Elektrostahlwerk, um 1925

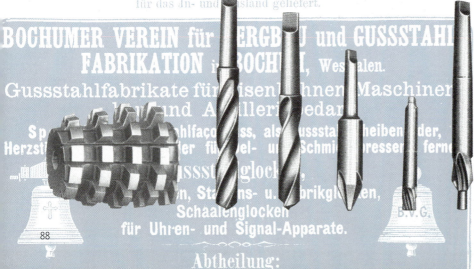

Werkzeug und Werkzeugstahl: Richard Lindenberg und der Lichtbogenofen

Seit dem 18. Jahrhundert war die Familie Lindenberg in Remscheid unternehmerisch aktiv: Aus dem Betrieb einer Sägenschmiede entwickelte sich eine Werkzeugfabrik. 1864 wurde ein Tiegelgußstahlwerk erbaut, das Qualitätswerkzeugstahl fertigte. Aus diesem Werk ging 1901 das Stahlwerk Richard Lindenberg GmbH hervor.

Die hohen Kosten des Tiegelstahlverfahrens, der Mangel an geeigneten Erzen und die schwere körperliche Belastung bei der Handhabung der Tiegel bewogen Richard Lindenberg 1904, das Patent des französischen Metallurgen Paul Héroult zur Herstellung von Stahl mittels elektrischen Stroms zu erwerben. Bei der DEMAG wurde der erste industrielle Lichtbogenofen der Welt zum Stahlschmelzen gebaut, am 17. Februar 1906 konnte die erste Charge Elektrostahl erschmolzen werden. Zur Deckung des Kapitalbedarfs bildeten sich im Dezember 1906 die Stahlwerke Rich. Lindenberg Aktiengesellschaft Remscheid-Hasten. Ein zweiter Lichtbogenofen wurde aufgestellt. Auch den Werkzeugfabriken konnte hochwertiger Stahl zur Verfügung gestellt werden (Elektro-Glockenstahl und Elektro-Schnellarbeitsstahl Marke „Victoria-Glocke").

Die Technische Hochschule Hannover ernannte Richard Lindenberg 1921 zum Dr.-Ingenieur ehrenhalber. 1925 verunglückte er tödlich bei einem Flugzeugabsturz. Sein Unternehmen ging 1927 an die Deutschen Edelstahlwerke Krefeld über.

Im Lichtbogenofen erzeugt der elektrische Strom zwischen den Elektroden und der auf der Füllung von Roheisen und Schrott liegenden Schlackenschicht Lichtbögen von sehr hoher Temperatur (bis zu 4000°C). Metall und Schlacke schmelzen, sie werden entschwefelt und desoxidiert, beigegebene Legierungsmetalle äußerst gleichmäßig und berechenbar im flüssigen Stahl verteilt. Ein hochwertiger Stahl entsteht.

Zum Elektrostahlverfahren im Werk Lindenberg vermerkt eine zeitgenössische Quelle:

„Die beschriebenen Vorgänge sind alle so außerordentlich einfach, daß es dem Laien unsagbar leicht erscheinen muß, erstklassigen Werkzeugstahl auf elektrischem Wege zu erzeugen. Bei der Erreichung dieses Zieles spielen aber doch eine Reihe sehr wichtiger Faktoren mit, die alle eine lange Erfahrung im Stahlschmelzen voraussetzen. ..."
(Deutsche Industrie – Deutsche Kultur, um 1910)

Abbildungen

links oben: Richard Lindenberg, 1869-1925

rechts oben: Einschalten des elektrischen Stroms nach dem Chargieren im Werk Lindenberg, um 1908

links unten: Prof. Paul Héroult, 1863-1914

rechts unten: Stahlwerke Rich. Lindenberg Aktiengesellschaft, Remscheid-Hasten, um 1908

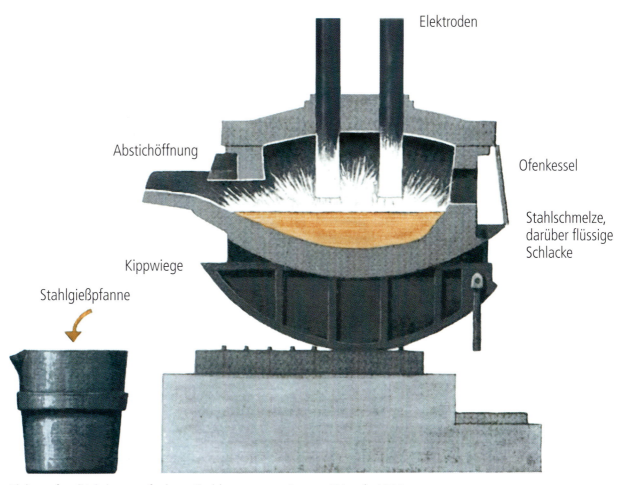

Illustration: Elektroofen (Lichtbogenofen) zur Stahlerzeugung, System Héroult, 1906

Köpfe ihrer Zeit – Menschen aus der Eisen- und Werkzeugindustrie

Hammerschmied Jacob Steffens
(1900 – 1965)

Werksdirektor Moritz Böker
(1853 – 1933)

Geschäftsführer der IHK Hermann Ringel
(1895 – 1981)

Auszubildender in der Werkzeugindustrie
(um 1950)

Feilenhauer im Ruhestand
(um 1925)

Werkzeugfabrikant Josef Albrecht
(1872 – 1942)

Werkzeugschmied
(um 1920)

Werkzeugexportkaufmann Max Cleff
(1846 – 1936)

Arbeiter in der Werkzeugindustrie
(um 1950)

Arbeiter in der Werkzeugindustrie
(um 1955)

Professor Hermann Wedding
(1834 – 1908)

Werkmeister Otto Pfeiffer
(1902 – 1982)

Moderne Werkzeuge – Moderne Fertigung

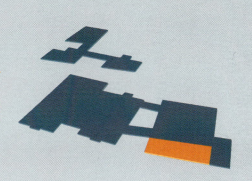

Werkzeugfabrik im Umbruch

Veränderungen in der Werkzeugentwicklung, der Werkzeugproduktion und im Werkzeugvertrieb gehen heute nicht mehr nur von technischen Innovationen aus. Vielmehr werden sie durch den steigenden Kostendruck und den wachsenden, globalen Wettbewerb maßgeblich beeinflußt.

Wird es die idealtypische Werkzeugfabrik in ihrem organisatorischen Aufbau und im Ablauf der Arbeitsprozesse in Zukunft noch geben? Diese Frage stellt sich angesichts einer Entwicklung, die die Unternehmen zwingt, neue Wege zu gehen. Um im globalen Wettbewerb konkurrenzfähig zu bleiben, müssen Aufbau- und Ablauforganisationen gestaltet werden, die es erlauben, Qualität zu sichern, Kundennutzen zu optimieren und Personalkosten zu senken.

Unter dieser Zielsetzung werden Programme entwickelt, die den Arbeitsalltag in den Werkzeugfabriken verändern. Lean-Management, Gruppenarbeit, Flexibilisierung der Arbeitszeit, kontinuierlicher Verbesserungsprozeß, just-in-time-Fertigung, Insel-Fertigung, Qualitätssicherungsprogramme, Produktverantwortlichkeiten über die innerbetrieblichen Grenzen hinweg, Unternehmenskooperationen, Profitcenter, fraktale Fabrik; das sind nur einige Stichworte, mit denen fertigungstechnische und organisatorische Veränderungen zur Steigerung der Effizienz umgesetzt werden. Nicht für alle Betriebe ist jedes Programm gleich brauchbar. Manche Programme bedingen einander, andere widersprechen sich.

Was sind die Folgen dieser Veränderungen? Wie wirken sie sich auf die zukünftige Branchenstruktur aus? Welche Auswirkungen hat das auf die Arbeitsplätze und den einzelnen Menschen? Werden die einzelnen Produktionsschritte zukünftig dezentral vorgenommen? Entsteht so vielleicht die virtuelle Fabrik? Wie nach Beginn der Industrialisierung, wie bei der Entwicklung vom Kotten zur Werkzeugfabrik, ist heute vieles wieder offen, was ein Jahrhundert sicher schien.

Abbildungen

oben links und rechts: Unqualifizierte und qualifizierte Tätigkeiten in der modernen Fertigung, Remscheid, 1996

Mitte: Motorenfertigung für Elektrowerkzeuge, Fa. Metabo, Nürtingen, 1996

unten: Werkzeugausgabe, Fa. Metabo, Nürtingen, 1996

Sozialer Kompromiß bei Gruppenarbeit

Beschäftigungsinteresse: **„Attraktivität der Arbeit"**
- Bessere Arbeitsplatzsicherung
- Bessere Arbeitsinhalte
- höhere Qualität
- Bessere Arbeitsbedingungen
- Mehr Selbstbestimmung

Unternehmensinteresse: **„Effizienz der Arbeit"**
- Höhere Produktivität
- Höhere Flexibilität
- Bessere Anlagennutzung
- Bessere Qualität
- Kostenreduzierung

Weg zum Kompromiß als Prozeß
- der Offenheit
- der Beteiligung
- des Konsenses

„Intelligente" Arbeitsform: Gruppenarbeit als effiziente und attraktive Arbeit

Einsatz neuer Techniken

- Integration von Tätigkeitsbereichen
- Anpassung der Qualifikation
- Teamarbeit

Schlüsselqualifikationen

- Selbstständigkeit
- Lernfähigkeit
- Kooperationsfähigkeit

Neue Werkstoffe

Ziel der Werkstofftechnologie ist es, durch Forschung in den Bereichen Werkstoffe und Verfahrenstechnologie die Anforderungen modernster Produktionsmethoden zu befriedigen. Die Werkstoffentwicklung hat hier zu vielen erfolgreichen Produkten geführt.

Das Fräsen, Drehen und Bohren von Werkstücken aus verschiedenen Metallen und schwer zu bearbeitenden Kunststoffen muß aus Gründen der Wirtschaftlichkeit immer schneller bewerkstelligt werden. Dies erfordert nicht nur den Einsatz von modernen Werkzeugen und Maschinen, sondern auch die Verwendung von Werkstoffen mit Eigenschaften, die die Produktion hoher Stückzahlen mit gleichbleibender Präzision erlauben. Wichtige Werkstoffe, die in der heutigen Werkzeugherstellung verwendet werden, sind: Edelstahl, Speziallegierungen, Hochleistungs-Schnell-Stahl (HSS), Hartmetall, Keramik, Kubisches Bornitrid und Diamant. HSS steht für hohe Werkstoffqualität von Gewindeschneidwerkzeugen, Bohrern und Hochgeschwindigkeitsfräsern. Mit hohen Standzeiten (d.h. mögliche Arbeitszeit ohne Austausch und Erneuerung des Werkzeuges) erfüllen Werkzeuge aus HSS die Ansprüche einer modernen Produktion. Hartmetallprodukte werden als Teile in der Maschinenbauindustrie wie auch als Einsatzwerkzeuge in der mechanischen Metallverarbeitung verwendet. So sind heute Systemwerkzeuge für Dreh-, Fräs- und Bohrbearbeitung mit Hartmetall bestückt. Genormte Trägerwerkzeuge mit mehrfach verwendbaren Hartmetalleinsätzen erlauben in der Werkzeugherstellung Arbeitsprozesse mit hoher Effizienz.

Bei der Bearbeitung von extrem hochlegierten Werk- und Verbundstoffen, wie sie in der Luftfahrt verwendet werden, kommen Keramikschneidplatten zum Einsatz. Durch hohe Biegefestigkeit und eine gute Wärmewiderstandsfähigkeit ermöglichen sie eine präzise, materialspezifische Bearbeitung. In der Feinzerspanung wird durch den Einsatz von Diamantwerkzeugen eine gleichbleibende Qualität bei hohen Standzeiten der Werkstücke erzielt. Diamant- und CBN-Schneidstoffe (Kubisches Bornitrid) dienen als superharte Schleifmittel in der Fertigungstechnik.

Abbildungen

oben: Rollenmeißel, Fa. Sandvik Belzer, 1995

Mitte: 100-fach vergrößertes Hartmetallpulver

unten links: Walzenstirnfräser, Fa. Sandvik Belzer, 1995

unten rechts: Bohrer mit Wendeschneidplatten, Fa. Sandvik Belzer, 1995

ganz unten: Bohrfutter mit diamantbeschichteten Spannbacken, Fa. Albrecht, 1997

Automatisierung (CNC-Maschinen und CNC-Werkzeuge)

Durch die Automatisierung in der Werkzeugherstellung mit Hilfe computergesteuerter Werkzeugmaschinen (CNC-Maschinen) sind die Unternehmen heute in der Lage, die mechanischen Bearbeitungsprozesse zu beschleunigen und eine hohe Maßgenauigkeit zu erzielen. CNC (Computerized - Numerical-Control) - Maschinen kommen mittlerweile in allen modernen, produzierenden Wirtschaftsunternehmen zum Einsatz.

Die Kombination von numerischen Steuerungen und Werkzeugmaschinen mit universalen Bearbeitungseinheiten ergeben optimale Produktionsergebnisse. CNC-Fräs-, CNC-Dreh- und CNC-Bohrmaschinen erlauben durch ihre vielfältigen Anwendungsmöglichkeiten bei der Bearbeitung kompliziertester Werkzeuge ein hohes Maß an Flexibilität. Maschinensysteme ermöglichen es, daß mehrere Bearbeitungsprozesse gleichzeitig parallel ablaufen und verschiedene mechanische Arbeitsgänge in einer Maschine ausgeführt werden. Wichtig ist dabei die gleich bleibende Maßgenauigkeit der Werkstücke und die Wiederholungsgenauigkeit. Elektronische Meßsysteme geben dem Rechner genaue Daten über die Istmaße der verschiedenen Bearbeitungsachsen durch. Bei Abweichungen von vorgegebenen Größen werden diese automatisch durch den Microcomputer korrigiert. Auch thermische Werte des Werkstücks und Werkzeuges werden übermittelt und Normabweichungen durch entsprechende Rechnerprozesse behoben. Hochleistungs-Systemwerkzeuge erlauben Arbeitszyklen vom Rohling bis zum fertigen Produkt. Je nach Bearbeitungsanspruch und Komplexität des Werkstücks arbeiten CNC-Maschinen mit integrierten Werkzeugmagazinen, die fünfzig und mehr Werkzeuge (Werkzeugplätze) enthalten. Ein weiterer Vorteil liegt in der automatischen Material- und Rohlingsübergabe in den Arbeitsprozeß. Durch die Vernetzung von CNC-Maschinen mit einem Zentralrechner lassen sich die Produktionsabläufe in der Fertigung optimal koordinieren. Die Programmierung der Werkzeugmaschinen erfolgt heute mehr und mehr über Datenaustausch (CAM = Computer Aided Manufacturing).

Abbildungen

oben: Bearbeitungszentrum mit Kopiertaster, Fa. Hermle, Gosheim, 1997

Mitte links: Einrichtung eines Bohr- und Fräswerkes, Fa. AEG Elotherm, Remscheid, 1989

Mitte rechts: Hochgeschwindigkeitsfräsen, Fa. Mikron, Nidau/Schweiz, 1996

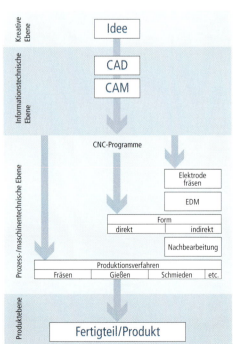

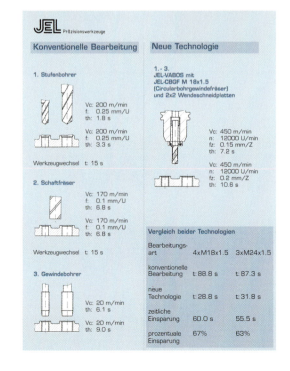

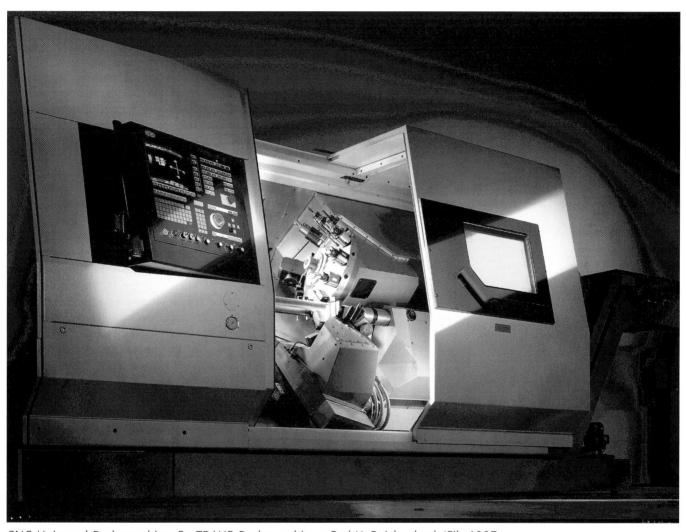
CNC-Universal-Drehmaschine, Fa. TRAUB Drehmaschinen GmbH, Reichenbach/Fils, 1997

Das Maß aller Dinge

Die Genauigkeit und Maßhaltigkeit von Werkzeugen und Maschinenteilen erfordern seit Beginn des technischen Zeitalters den verstärkten Einsatz von Meßwerkzeugen. So verlief die Entwicklung der Meßtechnik parallel zum allgemeinen technischen Fortschritt.

War um 1860 noch der Millimeter die kleinste Maßeinheit, so waren schon vor der Jahrhundertwende zehntel und hundertstel Millimeter das „Maß aller Dinge". Neben den einfachen Maßstäben zur Längenmessung wurden nun Längenmeßmaschinen, Meßschieber (Schieblehren), Meßschrauben, Innenmeßgeräte, verschiedenste Gewindelehren und Formtaster zur mechanischen Messung verwendet. Eine besondere Bedeutung in der weiteren Entwicklung kam der Form- und Oberflächenmeßtechnik zu. In den 1960er Jahren hielt die Elektronik ihren Einzug in die Meßtechnik. Seitdem haben sich die Technologien in der Werkzeugherstellung und Werkzeuganwendung fortlaufend verändert. Das gilt besonders für Zerspanungsarbeiten mit CNC-Maschinen. Das Bohren, Drehen, Fräsen, Reiben, Senken und Gewindeschneiden in Werkstücken verschiedenster Materialien läuft mit immer höherer Geschwindigkeit ab. Die Schnittstellen Maschine/Werkzeug und Werkzeug/Werkstück stellen bezüglich Maßanforderungen und Maßabweichungen besonders kritische Bereiche dar, die den Einsatz modernster Meßtechnik und deren protokollierbare Datenerfassung erfordern. Schon seit den 1970er Jahren wurden Meßgenauigkeiten bis zu 0,5 µm verlangt (1µm = 1 Mikrometer = 1 tausendstel Millimeter oder 1 millionstel Meter). Hochpräzise, automatische Meßmaschinen mit elektronischer Meßwerteerfassung und -dokumentation kommen zum Einsatz. Sie arbeiten nicht nur mittels direkter Kontaktmessung, sondern nutzen effizient berührungslose optische Verfahren (Licht- und Laserabstandsmessung). Auch in die computergesteuerte Werkzeugverwaltung (Tool-Management) von CNC-Werkzeugmaschinen wird die automatische Meßtechnik verstärkt einbezogen. Produktionsabläufe und Produktqualität werden dadurch optimiert und größere Sicherheit bezüglich gesetzlicher Produkthaftungsvorgaben erreicht.

Abbildungen

oben links: Zahnradmeßmaschine, Fa. Mahr, Esslingen, um 1960

oben rechts: Formtaster, Fa. Mahr, Esslingen 1997

Mitte: Abtasten einer geschliffenen Oberfläche, Raster-Elektronenmikroskop-Aufnahme, Physikalisch-Technische Bundesanstalt und Fa. Mahr, Esslingen, 1997

unten links: Naben-Nutlehre, Fa. Lehren- und Meßgerätewerk Schmalkalden, 1994

unten Mitte: Lichtspaltkontrolle an einem Fräser, Fa. Wanderer-Werke, Sigmar-Schönau, 1941

unten rechts: Prüfung und Eichung von Meßgeräten, Fa. Lehren- und Meßgerätewerk Schmalkalden, 1994

Qualitätssicherung

„Qualität ist erreicht, wenn der Kunde zurückkommt und nicht das Produkt." Auch die Unternehmen der Werkzeugindustrie gehen seit Beginn der 1990er Jahre verstärkt dazu über, in ihren Betrieben Qualitätsmanagement-Systeme (QM-Systeme) nach der Norm DIN EN ISO 9000-9004 zu realisieren und diese durch unabhängige, fachkompetente Stellen zertifizieren zu lassen.

Qualitätsmanagement besteht nicht nur im Prüfen und Kontrollieren der Werkzeuge während der Produktion. Vielmehr handelt es sich um eine umfassende Führungsaufgabe, die das gesamte Unternehmen, sprich die Unternehmenskultur, die Unternehmensstrategie sowie die Unternehmensprozesse, einschließt. Ziel eines QM-Systems ist es, in der Praxis eine ständige Verbesserung der Produkte, der Dienstleistungen und der Unternehmensprozesse zu erreichen und langfristig den wirtschaftlichen Erfolg des Unternehmens zu sichern. Moderne QM-Systeme setzen eine breite Akzeptanz im Unternehmen voraus.

Alle Mitarbeiter, von der Geschäftsleitung bis zum Maschinenarbeiter, müssen hinter dem QM-System stehen und täglich beweisen, daß sie es mit der Qualität ernst meinen. Notwendig ist die Projektkoordination durch kompetente Projektleitung, um zu einem betriebsspezifischen QM-Handbuch zu gelangen. Eine unabhängige Stelle prüft das realisierte QM-System und erteilt nach Erfüllung der Kriterien der internationalen Normen DIN EN ISO 9000-9004 das QM-Zertifikat. Die Zertifizierungsstelle überprüft zudem periodisch die Einhaltung des QM-Systems. Qualitätsmanagement schafft Transparenz und somit Vertrauen beim Kunden. Das QM-Zertifikat ist deshalb ein wichtiger Werbefaktor für das jeweilige Unternehmen. Vielfach wird es von den Auftraggebern – vor allem dann, wenn es sich um Großabnehmer oder staatliche Stellen handelt – verlangt. Die Kundenzufriedenheit bei Unternehmen, die QM erfolgreich anwenden, ist im Vergleich deutlich höher als im Durchschnitt, sowohl im Bereich der Werkzeugqualität als auch der begleitenden Dienstleistung.

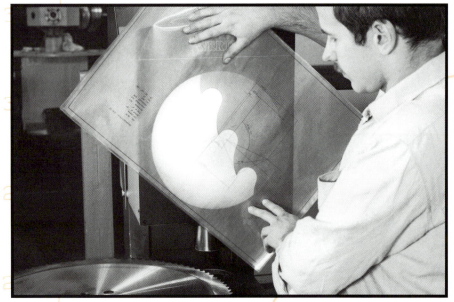

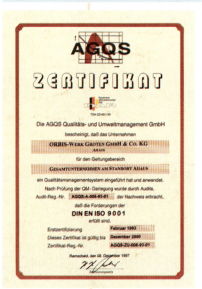

Abbildungen

oben: Kontrollierte Montage mit dem Drehmomentschlüssel, Fa. Saltus-Werk Max Forst, Solingen, 1997

Mitte links: Zahnformkontrolle, Fa. Joh. Wilh. Arntz Sägetechnik, Remscheid, 1997

Mitte rechts: Produktionsbegleitende Werkzeugprüfung, Fa. Hazet, Remscheid, 1997

unten links: Qualitätskontrolle, Fa. Lehren- und Meßgerätewerk Schmalkalden, 1993

Alternative Energien – Chancen und Grenzen

Energiesparen ist auch in der Werkzeugindustrie und bei der Werkzeugnutzung ein aktuelles Thema. Schon aus betriebswirtschaftlichen Gründen wird der sinnvollen und rationellen Nutzung von Energie eine immer größer werdende Bedeutung zugemessen.

Zunehmend finden auch erneuerbare Energien (Sonne, Wind, Wasser) in den Unternehmen Einsatz, um die begrenzten Ressourcen herkömmlicher Energieträger zu schonen und zu entlasten. Alternative Energien weisen vielfältige Vorzüge auf, die heute schon sichtbar sind und in den nächsten Jahren verstärkt zum Tragen kommen werden. Sie sind weitgehend unerschöpflich vorhanden und können vor Ort, im eigenen Land, erschlossen und genutzt werden. Im Vergleich zu anderen, herkömmlichen Energieträgern birgt ihre Erschließung zudem ein weitaus geringeres Risiko. Einer breiten Anwendung stehen jedoch vor allem die häufig zu geringe Energiedichte sowie die mitunter nicht ausgereifte Technik entgegen. Hinzu kommen bei einigen alternativen Energieformen geographisch bedingte Standorteinschränkungen. Wie in anderen Wirtschaftszweigen wäre auch in der Werkzeugindustrie der Einsatz alternativer Energien in folgenden Bereichen denkbar: in der Gebäudebewirtschaftung (Licht und Beleuchtung), in der Wärme- und Regulierungstechnik sowie in der Kraft- und Antriebstechnik. Die Werkzeug produzierende Industrie besitzt in der Antriebstechnik mit der Nutzung von Wind- und Wasserkraft sogar historische Vorbilder.

Die wichtigste alternative Energie ist zur Zeit die Sonnen- bzw. Solarenergie (Photovoltaik). Sie wird in Solarzellen direkt in elektrischen Strom umgewandelt. Als industrielles Produkt hat sich die Photovoltaik (PV) beispielsweise als Ladestation („Solarsteckdose") für Batterien und Akkumulatoren netzunabhängiger, kabelfreier Elektrohandwerkzeuge ein Einsatzfeld geschaffen. Durch die photovoltaische Energieversorgung erhöht sich die Mobilität dieser portablen Werkzeuge.

Abbildungen

oben: Funktionsschema einer Solarzelle – direkte Umwandlung von Licht in elektrischen Strom

unten: Photovoltaik (PV)-Ladekoffer für akkubetriebene Werkzeuge, Fa. Bosch, Stuttgart, 1995

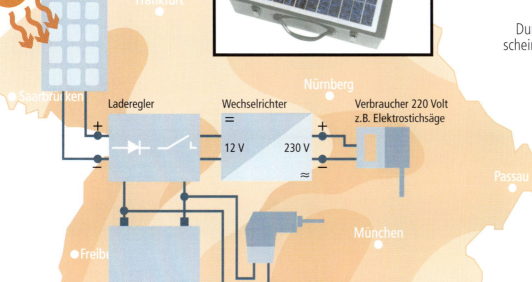

Durchschnittliche Sonnenscheindauer für Deutschland

1400 – 1500
1500 – 1600
1600 – 1700
1700 – 1800
1800 – 1900
Stunden pro Jahr

Auf Wiedersehen!

Das Museumsteam freut sich auf Ihren Besuch im Deutschen Werkzeugmuseum.

Anhang   So finden Sie uns

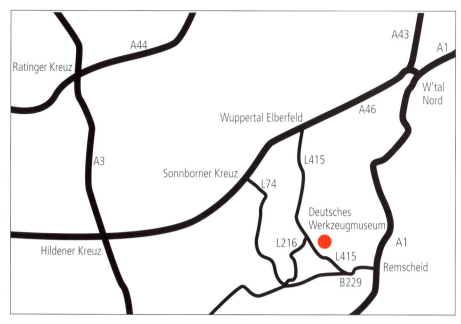

Deutsches Werkzeugmuseum /
Historisches Zentrum der Stadt Remscheid
Cleffstraße 2 – 6
42855 Remscheid

Tel.:   0 21 91/16 25 19
Fax: 0 21 91/16 31 55

e-mail: LoGatto@str.de
Internet: www.remscheid.de

Öffnungszeiten Museumsabteilung:
Dienstag – Samstag   9.00 – 13.00 Uhr
                             14.00 – 17.00 Uhr
Sonntag   10.00 – 13.00 Uhr

Bitte erfragen Sie unter der oben angegebenen
Telefonnummer die aktuellen Öffnungszeiten.

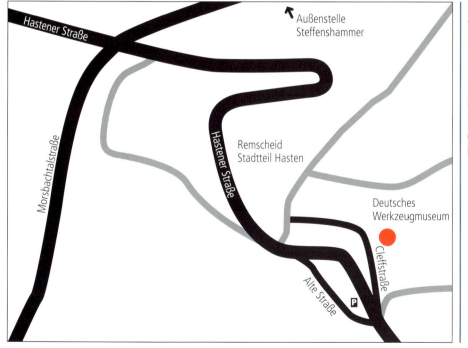

Busverbindung:
von Wuppertal Linie 615 bis Haltestelle „Hasten
Museum"

Bahnverbindung:
bis Hbf Remscheid,
Bus in Richtung Friedrich-Ebert-Platz (Busbahnhof),
dort bitte umsteigen in die Linien 615, 651 oder 653
bis zur Haltestelle „Hasten Museum"

Literaturangaben

Die folgenden Literaturangaben stellen keine vollständige Bibliographie dar. Sie verweisen lediglich auf solche Werke, die bei der Erarbeitung der Ausstellungseinheit und deren Bild- und Texttafeln besonders berücksichtigt wurden bzw. dem Leser weiterführende Hinweise bieten. Die Literaturliste enthält auch Firmendruckschriften, Museumskataloge und Examensarbeiten, die möglicherweise nicht im Buchhandel oder in Bibliotheken nachgewiesen sind. Diese Titel befinden sich in der Bibliothek des Deutschen Werkzeugmuseums. Verschiedene Literaturwerke waren für mehrere Ausstellungseinheiten wichtig, auch wenn sie im Folgenden einer Ausstellungseinheit schwerpunktmäßig zugeordnet werden.

Zur Geschichte des Deutschen Werkzeugmuseums

- Bergischer Geschichtsverein e.V., Abtl. Remscheid (Hg.): Das Remscheider Werkzeugmuseum. Remscheid 1967
- Diederichs, Urs Justus: Vom Bauwerk zum Werkzeug. Deutsches Werkzeugmuseum Remscheid. polis. Zeitschrift für Architektur, Stadtplanung und Denkmalpflege. Nr. 3 – 4/96. Wuppertal 1996. S. 44 – 46.
- Junck, Sibylle: „Bitte ausprobieren". Das Deutsche Werkzeugmuseum in Remscheid. Museen im Rheinland. Nr. 3/99. Pulheim-Brauweiler 1999. S. 8 – 12.
- Lindemann, Erich: Deutsches Werkzeugmuseum Remscheid. Wegweiser durch die Sammlungen. Herausgegeben von der Stadt Remscheid. Deutsches Werkzeugmuseum. 3. Aufl. Remscheid 1980.
- Schmoeckel, Gisela: Technik und Soziales. Bergische Blätter Nr. 12/96. Wuppertal 1996. S. 20 – 21.
- Stadt Remscheid. Baudezernat (Hg.): Deutsches Werkzeugmuseum/Historisches Zentrum Remscheid. Mit Beiträgen von Urs Justus Diederichs und Friedhelm Selbach. Kissing 1996.

Zum Werkzeug allgemein

- Becker, Peter-Rene: Werkzeuggebrauch im Tierreich. Wie Tiere hämmern, bohren, streichen. Stuttgart 1993.
- Comte, Hubert: Werkzeuge der Welt. Vom Faustkeil zum Laserstrahl. München 1998.
- Die Deutsche Werkzeugindustrie. Wuppertal o. J. (um 1930).
- Deutsches Institut für Normung e.V. (Hg.): Hand-Werkzeuge. Berlin, Wien, Zürich 1995.
- Fachgemeinschaft Präzisionswerkzeuge im VDMA: Die deutsche Präzisions-Werkzeug-Industrie. Frankfurt/Main 1998.
- Fachverband Werkzeugindustrie e.V.: Mitgliederhandbuch 1999/2000. Remscheid 1999.
- Feller, Paul/Tourret, Fernand: Werkzeug aus alter Zeit. Stuttgart, Zürich 1980.
- Pesch, Dieter (Hg.): Altes Handwerksgerät. Köln 1981.
- Velter, André/Lamothe, Marie-José: Das Buch vom Werkzeug. Genf 1979.

Werkzeugmuseumsfoyer

- Arntz, Gerd: Zeit unter dem Messer. Holz- und Linolschnitte 1920 – 1970. Köln 1988.

Werkzeug im Wandel: Eisen, Bronze, Eisen, Stahl
(Ausstellungseinheit 1)

- Gaitzsch, Wolfgang: Römische Werkzeuge. Aalen 1978.
- Archäologisches Landesmuseum Baden-Württemberg (Hg.): Goldene Jahrhunderte. Die Bronzezeit in Südwestdeutschland. Stuttgart 1997.
- Henning, Friedrich-Wilhelm: Das vorindustrielle Deutschland 800 bis 1800. Paderborn 1977.
- Henseling, Karl-Otto: Bronze, Eisen Stahl. Bedeutung der Metalle in der Geschichte. Reinbek 1981.
- Lindgren, Uta (Hg.): Europäische Technik im Mittelalter 800 bis 1400. Tradition und Innovation. Ein Handbuch. 2. Aufl. Berlin 1996.
- Pietsch, Martin: Die römischen Eisenwerkzeuge von Saalburg, Feldberg und Zugmantel. Saalburg-Jahrbuch 39. Mainz 1983. S. 5 –132.
- Pfeiffer, Ludwig: Die Werkzeuge des Steinzeitmenschen. Jena 1920.
- Probst, Ernst: Deutschland in der Steinzeit. München 1991.
- Probst, Ernst: Deutschland in der Bronzezeit. München 1996.
- Rieche, Anita/Schalles, Hans-Joachim: Arbeit, Handwerk und Berufe in der römischen Stadt. Köln 1987.

Werkzeughandel
(Ausstellungseinheit 2)

- Beeck, Karl-Hermann (Hg.): Bergische Unternehmergestalten im Umbruch zur Moderne. Neustadt/Aisch 1996.
- Dascher, Ottfried (Hg.): „Mein Feld ist die Welt" – Musterbücher und Kataloge 1784 –1914. Dortmund 1984.
- Liebhardt, Michael: Strategische Überlegungen zur Einführung von Edifact bei mittelständischen Werkzeugunternehmen. Remscheid 1996.
- Steinhausen, Georg: Der Kaufmann in der deutschen Vergangenheit. Leipzig, Jena 1912.
- Wintgen, Ewald: Der Export der Bergischen Werkzeugindustrie von den Anfängen bis in die Gegenwart. Zeitschrift des Bergischen Geschichtsvereins Bd. 76. Neustadt/Aisch 1959. S. 41– 181.
- Zerres, Michael P.: Handel und Industrie des Bergischen Landes im 19. Jahrhundert. Ein Beitrag zur Wirtschaftsgeschichte Deutschlands. Zürich, Frankfurt/Main, Thun 1978.

Werkzeugform – Werkzeugfunktion
(Ausstellungseinheit 3)

- Bernt, Walther: Altes Werkzeug. 2. Aufl. München 1939.
- Feldhaus, Franz M.: Die Säge. Ein Rückblick auf vier Jahrtausende. Berlin, Remscheid 1921.
- Heine, Günther: Das Werkzeug des Schreiners und Drechslers. Hannover 1990.
- Lindquist, Bo: Ergonomie bei Handwerkzeugen. Helsingborg 1997.
- Mummenhoff, Ernst: Der Handwerker in der deutschen Vergangenheit. 2. Aufl. Jena 1924.
- Sandvik (Hg.): Ergonomie. Ein Forschungsprogramm zur Entwicklung ergonomischer Handwerkzeuge. Wuppertal 1995.
- Schadwinkel, Hans-Tewes/Heine, Günther: Das Werkzeug des Zimmermanns. Hannover 1986.
- Schmirler, Otto: Werk und Werkzeug des Kunstschmieds. Tübingen 1981.
- Spiwoks, Dietmar E.: Der Bosch-Hammer. Die Entwicklung der Bohr- und Schlaghämmer im Hause Bosch. Stuttgart o. J. (um 1995).
- Streich, T. F./v. Gerstenberg, K.: Arbeitsstätten und Werkzeuge der wichtigsten Handwerker. 24 Tafeln in lithographischem Farbendruck. Esslingen bei Stuttgart 1875.

Zentren der deutschen Werkzeugindustrie
(Ausstellungseinheit 4)

- Boelcke, Willi A.: Wirtschaftsgeschichte Baden-Württembergs von den Römern bis heute. Stuttgart 1987.
- Charisius, K./Daniels, K. G./Gülch, E.: Elektrowerkzeuge. Ihr Bau und ihre Anwendung. Leipzig 1938.
- Burscheidt, Margret (Hg.): Zugkraft. Hundertfünfzig Jahre Maschinenfabrik Esslingen. Stuttgart 1997.
- Engels, Wilhelm/Legers, Paul: Aus der Geschichte der Remscheider und Bergischen Werkzeug- und Eisenindustrie. Bd. 1 u. 2. Remscheid 1928.
- Fein GmbH u. Co.: Hundertfünfundzwanzig Jahre Hochleistungswerkzeuge. Die Chronik von 1867 bis 1992. Stuttgart 1992.
- Handy, Peter: Zur Entwicklung der sozialökonomischen Lage und Lebensweise der Eisen- und Stahlwarenproduzenten des Kreises Schmalkalden in der Zeit von 1866 bis 1914. Berlin 1977.
- Hauer, Klaus (Hg.): Aus der Geschichte des VEB Werkzeugkombinat Schmalkalden-Stammbetrieb. Schmalkalden o. J. (um 1988).
- Koch, Cornelia: Die Entwicklung der sozialökonomischen Situation und Lebensweise der Eisen- und Stahlwarenproduzenten im Kreis Schmalkalden in der Zeit von 1914 –1933. Jena 1982.
- Lindmüller, Peter: Remscheid und Solingen im industriegeographischen Entwicklungsvergleich. Bd. 1 u. 2. Bochum 1986.
- Lohse, Hans: 600 Jahre Schmalkalder Eisengewinnung und Eisenverarbeitung vom 14. – 20. Jahrhundert. Ein Beitrag zur Wirtschaftsgeschichte Südthüringens. Meiningen 1965.
- Tiessen, Heinrich: Industrielle Entwicklung, gesellschaftlicher Wandel und politische Bewegung in einer württembergischen Fabrikstadt des 19. Jh.: Esslingen 1848 – 1914. Sigmaringen 1982.
- Toepfer, Rolf: Die Werkzeugindustrie. Ihre Standorte und deren bestimmende Faktoren. Hamburg 1963.

Feilenhauerei
(Ausstellungseinheit 5)

- Boch, Rudolf/Krause, Manfred: Historisches Lesebuch zur Geschichte der Arbeiterschaft im Bergischen Land. Köln 1983.
- Dick, Otto: Die Feile und ihre Entwicklungsgeschichte. Berlin 1925.
- Felten, Karl G.: Zur Geschichte der bergischen Feilenindustrie. Remscheid 1963.
- Horstmann, Siegfried: Von bergischen Menschen und den Stätten ihrer Arbeit. 2. Aufl. Remscheid 1990.

Kleinindustrielle Fertigung
(Ausstellungseinheit 6)

- (siehe auch die Literaturangaben zu der Ausstellungseinheit 4)
- Benad-Wagenhoff, Volker/Hergesell, Burkhard. Der richtige Dreh. Industrielle Facharbeit im Wandel. Mannheim 1996.
- Frankenstein, Kuno: Bevölkerung und Hausindustrie im Kreis Schmalkalden seit Anfang dieses Jahrhunderts. Tübingen 1887.
- Henning, Friedrich-Wilhelm: Die Industrialisierung in Deutschland 1800 bis 1914. Paderborn 1978.
- Matschoß, Conrad: Die Entwicklung der Dampfmaschine. Bd. 1 u. 2. Berlin 1908.
- Mommertz, K.-H.: Bohren, Drehen, Fräsen. Reinbek 1987.
- Ringel, Hermann: Bergische Wirtschaft zwischen 1790 und 1860. Neustadt/Aisch 1966.
- Ruby, Jürgen: Maschinen für die Massenfertigung. Die Entwicklung der Drehautomaten bis zum Ende des Ersten Weltkrieges. Stuttgart 1995.
- Verein Deutscher Ingenieure. Bezirksverband Wuppertal (Hg.): Technikgeschichte aus dem Bergischen Land. Menschen und Maschinen im Wandel der Zeiten. Wuppertal 1995.
- Wagenbreth, Otfried/Wächtler, Eberhard (Hg.): Dampfmaschinen. Die Kolbendampfmaschine als historische Erscheinung und technisches Denkmal. Leipzig 1986.
- Ziegler, Franz: Wert und Wesen kleinindustrieller Arbeit, gekennzeichnet in einer Darstellung der bergischen Kleineisenindustrie. Berlin 1901.

Industrielle Werkzeugfertigung
(Ausstellungseinheit 7)

- (siehe auch die Literatur zu den Ausstellungseinheiten 4 und 6)
- Benad-Wagenhoff, Volker: Industrieller Maschinenbau im 19. Jahrhundert. Werkstattpraxis und Entwicklung spanabhebender Werkzeugmaschinen im deutschen Maschinenbau 1870 –1914. Stuttgart 1993.
- Henning, Friedrich-Wilhelm: Das industrialisierte Deutschland 1914 bis 1976. Paderborn 1978.
- Kampmann, Tobias: Vom Werkzeughandel zum Maschinenbau. Der Aufstieg des Familienunternehmens W. Ferd. Klingelnberg Söhne 1900 –1950. Stuttgart 1994.
- Friedrich Krupp AG (Hg.): Krupp Werkzeugstahle Essen o. J. (um 1929).
- Lucas, Erhard: Zwei Formen von Radikalismus in der deutschen Arbeiterbewegung. Frankfurt/Main 1976.
- Nawrotzki, Klaus: Industrieschmiede. Wuppertal 1988.
- Pockrandt, W.: Schmieden im Gesenk und Herstellung der Schmiedegesenke. Leipzig 1920.
- Roesch, Karl/Lorenz, Walter: Tausend Jahre Werkzeugstahlerzeugung im Bergischen Land. Remscheid 1983.
- Ruppert, Wolfgang: Die Fabrik. Geschichte von Arbeit und Industrialisierung in Deutschland. München 1983.
- Wessel, Horst A.: Kontinuität im Wandel. Hundert Jahre Mannesmann 1890 –1990. Düsseldorf 1990.
- Ziegler, Franz C.: Die Tendenz zur Entwicklung zum Großbetrieb in der Remscheider Kleineisenindustrie. Berlin 1910.

Moderne Werkzeuge – Moderne Fertigung
(Ausstellungseinheit 8)

- Bundesministerium für Wirtschaft. Erneuerbare Energien verstärkt nutzen. 4. Aufl. Bonn 1996.
- Diamant Boart (Hg.): Superabrasive tools and systems for industrial progress. Brüssel 1987.
- Scharfenberg, Günter: Die technologische Revolution. Wirtschaftliche, soziale und politische Folgen. Berlin 1987.
- Siemens. Wir gehören zur Werkstatt. Wissenswertes für CNC-Interessierte. Wuppertal, Erlangen 1998.

Bildquellennachweis

Mit Ausnahme der im Folgenden aufgeführten Bildquellen stammen alle Abbildungen aus dem Bildarchiv oder der Bibliothek des Deutschen Werkzeugmuseums/Historisches Zentrum der Stadt Remscheid.
Bei Namensnennung mit Jahreszahl in Klammern, z.B. „G. Agricola (1556, Nachdruck 1977)" wird auf eine Buchpublikation verwiesen (siehe auch Literaturliste).
Titel, die in der Literaturliste nicht angeführt sind, können in der Museumsbibliothek nachgewiesen werden.

Folgende Abkürzungen werden benutzt:

Abb.	Abbildung	o	oben
F	Fond (Hintergrundbild)	r	rechts
Fa.	Firma	S.	Seite
l	links	u	unten
m	Mitte		

N. Aberg (1935)	S. 22	or m
G. Agricola (1556, Nachdruck 1977)	S. 25	mr
Josef Albrecht, GmbH & Co., Wernau	S. 53	o ur
	S. 92	ur
	S. 97	ur
J. Amman (1568, Nachdruck 1984)	S. 39	or F
Archäologisches Landesmuseum Mecklenburg-Vorpommern, Lübsdorf, Foto: H. Keiling	S. 21	m
Johann Wilhelm Arntz, Fa., Remscheid	S. 100	F
	S. 102	ml
Atlas Copco GmbH, Essen	S. 41	ur
	S. 43	mr
Bayerisches Landesinstitut für Arbeitsschutz, München	S. 65	rl
W. Bernt (1939)	S. 38	ol oml omr or m ul ur
Robert Bosch GmbH, Leinfelden-Echterdingen	S. 43	o
	S. 44	o u
G. Bott (1985)	S. 64	m
Bürger . Albrecht . Partner, Wuppertal	S. 8-13	
	S. 21	ur
	S. 22	u
	S. 23	o u
	S. 25	ul
	S. 26	o u
	S. 32	o
	S. 34	
	S. 35	ml mr Fu
	S. 41	ul
	S. 69	l
	S. 70	u
	S. 80	ul F
	S. 91	
	S. 98	ul
	S. 103	F

Gustav Corts, Fa., Remscheid	S.	60	m o
	S.	80	or
Josua Corts Sohn KG, Remscheid	S.	56	ol
	S.	72	om ml mr
DECKEL MAHO GmbH, Pfronten	S.	101	o u
Deutsches Museum, München	S.	68	ol om
	S.	70	or
Diamant Boart, Fa., Brüssel/Belgien	S.	97	Fur
Friedrich Dick GmbH, Esslingen a. N.	S.	52	mr u Fu
	S.	53	ul
	S.	58	ol F
	S.	61	
O. Dick (1925)	S.	52	Fo
	S.	58	Fu
	S.	60	Fo Ful Fur ul um
DOWIDAT, Fa., Remscheid	S.	82	ol ul Fl
Ernst Ehlis, Fa., Remscheid	S.	56	ul
W. Engels/P. Legers (1928)	S.	30	ul
	S.	31	F
	S.	69	ur
Fachverband Werkzeugindustrie e.V., Sitz Remscheid	S.	42	o u
	S.	102	ur
C. & E. FEIN GmbH & Co., Stuttgart	S.	45	
Richard Felde GmbH & Co. KG, Remscheid	S.	84	Fr
Fraunhofer-Institut für Solare Energiesysteme ISE, Freiburg	S.	103	u
W. Gaitzsch (1978)	S.	24	ul
Gesamtmetall, Köln	S.	96	ur
R. Gilberg, Remscheid	S.	96	ol or
K. Grunewald, Stuttgart	S.	27	Fur
Grunzke & Partner, Sinzig	S.	103	o
Wilhelm Hahn GmbH & Co. KG, Schonach	S.	41	o m
	S.	43	u
Hainbusch GmbH, Marbach	S.	98	F
Ernst Halder KG, Achstetten-Bronnen	S.	43	ml
Carl Hasse & Wrede GmbH, Berlin	S.	68	or
J. Henning, Homburg v. d. Höhe (1985)	S.	25	or Fo
Berthold Hermle AG, Gosheim	S.	98	o
Heynen GmbH & Co. KG, Remscheid	S.	82	ml
Historisches Archiv Krupp, Essen	S.	88	u F
U. Ibler, Bonn	S.	21	or ul

Bildquellennachweis

Industriegewerkschaft Metall, Stuttgart	S.	96	ul
ISCAR Hartmetall GmbH, Ettlingen	S.	35	o
L. Jacobi, Homburg v. d. Höhe	S.	24	F
Iks Klingelnberg GmbH, Remscheid	S.	80	m
J. Körschgen, Remscheid	S.	35	ur
Landesdenkmalamt Baden-Württemberg Foto: Yvonne Mühlen	S.	25	ol
Lehren- und Meßgerätewerk Schmalkalden GmbH, Schmalkalden	S. S.	100 102	ul ur ul
Johann + Ernst Link GmbH + Co. KG, Stuttgart	S. S.	96 98	F ur
Friedrich Lohmann GmbH, Witten	S.	88	o
Magdeburger Werkzeugmaschinenfabrik, Magdeburg	S.	70	mr
Mahr GmbH, Esslingen	S. S.	53 100	Fo Fu ol or m
Mannesmann-Archiv, Düsseldorf	S. S. S.	85 86 87	or ul ur ol or m um F
Mannesmannröhren-Werke AG, Remscheid	S.	86	ul ur
Matra GmbH, Frankfurt/Main	S.	68	ul
Medienzentrum Rheinland, Düsseldorf	S.	24	ur
F. S. Meyer (1888)	S.	38	F
Mikron AG, Nidau/Schweiz	S.	98	mr
E. Mummenhoff (1901)	S.	39	ol m ur
Museum der Arbeit, Hamburg	S.	77	o
Museum Schloß Wilhelmsburg, Schmalkalden Foto: K. Nicolai, Erfurt Foto: W. Seifert, Erfurt	S. S. S. S. S. S. S.	48 49 49 49 76 80 83	F ol or ul ur Fo Fu o ul ur ml mr ol ur
Johann Friedrich Ohler GmbH & Co. KG, Remscheid	S.	72	m
K. Pászthory/E. F. Mayer (1998)	S.	22	Fl Fr
Heinrich Peters, Fa., Remscheid	S.	68	F
L. Pfeiffer (1920)	S.	21	Fo Fu
Physikalisch-Technische Bundesanstalt (PTB), Braunschweig	S.	100	m
E. Probst (1996)	S.	22	ol

C. Gustav Putsch, Fa., Wuppertal	S.	83	l ol ml
Remscheider Generalanzeiger, Remscheid	S.	67	u
	S.	68	ro
August Rüggeberg GmbH & Co., Marienheide	S.	60	o
Gebr. Saacke GmbH & Co. KG, Pforzheim	S.	52	ml
	S.	69	ol
	S.	78	ur
Saltus-Werk GmbH, Solingen (Max Forst)	S.	102	o
Sandvik AB, Sandviken/Schweden	S.	97	o m ul urr Fo Fm Ful
Sandvik Belzer GmbH, Wuppertal	S.	41	l F
H. T. Schadwinkel/G. Heine (1986)	S.	27	ul
Heinrich W. Scherer, Fa., Schmalkalden	S.	33	ur
Schiele & Schön, Fa., Berlin	S.	70	ml F
F. A. Schmidt GmbH & Co., Remscheid	S.	64	o
J. F. Schreiber, 1875	S.	40	
Alfred Schrick, Remscheid	S.	51	o
O. Spamer, o.J., ca. 1900	S.	80	F
Staatliches Archäologisches Museum, Aquileia/Italien	S.	24	m
Staatsbibliothek Preuß. Kulturbesitz Berlin	S.	27	om
Stadtbibliothek Nürnberg	S.	39	ul
Stadtmuseum Esslingen a. N.	S.	52	o
G. Steinhausen (1912)	S.	30	ol m F
L. & C. Steinmüller GmbH, Gummersbach	S.	65	F
TRAUB Drehmaschinen GmbH, Reichenbach	S.	99	
A. Velter (1977)	S.	25	ml
Verein Deutscher Eisenhüttenleute, Bildarchiv, Düsseldorf	S.	25	ur
	S.	88	m mr
	S.	90	lu
B. Fr. Voigt (1900)	S.	65	o
	S.	68	Fo
	S.	72	ol
Wanderer-Werke, Siegmar-Schönau	S.	100	um
Eduard Wille GmbH & Co., Wuppertal	S.	51	m
D. Wüstenhagen, Remscheid	S.	96	m u
Hermann Zerver GmbH & Co. KG, Remscheid	S.	82	mr F
	S.	102	mr F

Dank an Institutionen für fachliche Hilfe:

Mannesmann-Archiv,
Prof. Dr. Horst A. Wessel und Kornelia Rennert,
Düsseldorf

Verein Deutscher Eisenhüttenleute VDEh,
Geschichtsausschuss,
Friedrich Toussaint und Manfred von Toncourt,
Düsseldorf

Ruhrlandmuseum,
Prof. Dr. Ulrich Borsdorf,
Essen

Industrie- und Handelskammer Region Stuttgart,
Bezirkskammer Esslingen,
Wolfgang Oettle,
Esslingen a. N.

Stadtarchiv Esslingen,
Dr. Walter Bernhardt,
Esslingen a. N.

Stadtmuseum im Gelben Haus,
Dr. Kirsten Fast und Magret Burscheidt,
Esslingen a. N.

Verband Deutscher Maschinen- und Anlagenbau e.V. –
VDMA –, Fachgemeinschaft Präzisionswerkzeuge –
DPV –, Ralf Brodmann und Peter Täubl, Frankfurt/M.

Zentralverband Elektrotechnik- und Elektroindustrie
e. V. – ZVEI –, Fachverband Elektrowerkzeuge,
Oskar Gebhardt,
Frankfurt/M.

Altonaer Museum – Norddeutsches Landesmuseum,
Dr. Boye Meyer-Friese,
Hamburg

Museum der Arbeit, Prof Dr. Gernot Krankenhagen,
Hamburg

Staatsarchiv Hamburg,
Dr. Klaus-Joachim Lorenzen-Schmidt,
Hamburg

Saalburg-Museum, Saalburg Kastell, Dr. Egon
Schallmayer und Dr. Margot Klee,
Bad Homburg

Badisches Landesmuseum,
Prof. Dr. Harald Siebenmorgen,
Karlsruhe

Landesmuseum für Technik und Arbeit,
Dr. Volker Benad-Wagenhoff,
Mannheim

Prähistorische Staatssammlung – Zweigmuseum
Neu-Ulm, Dr. Andrea Lorentzen,
Neu-Ulm

Rheinisches Industriemuseum
Prof. Dr. Rainer Wirtz,
Oberhausen

Rheinisches Amt für Bodendenkmalpflege,
Außenstelle Overath,
Dr. Michael Gechter,
Overath

HNF Heinz Nixdorf MuseumsForum,
Norbert Ryska,
Paderborn

Rheinisches Archiv- und Museumsamt,
Dr. Hartmut John,
Pulheim-Brauweiler

Berufsbildungszentrum der Remscheider
Metall- und Elektroindustrie GmbH,
Winfried Leimgardt,
Remscheid

Fachverband Werkzeugindustrie e.V. – FWI –,
Rainer Langelüddecke und Karl-Heinz Ruberg,
Remscheid

Forschungsgemeinschaft Werkzeuge und
Werkstoffe e. V. – FGW –,
Dr. Anton Rosentha, Dr. Helmut Huber und
Uwe Münz,
Remscheid

IG Metall Remscheid,
Michael Mahlke,
Remscheid

Wirtschaftsförderung Remscheid GmbH,
Rainer Bannert und Hans-Georg Hoch,
Remscheid

Museum der Stadt Rüsselsheim,
Dr. Wolfram Heitzenröder,
Rüsselsheim

Gesellschaft für Fertigungstechnik und Entwicklung e. V. ,
Dr. Klaus Holland-Letz,
Schmalkalden

Museum Schloss Wilhelmsburg, Dr. Dieter Eckhardt,
Schmalkalden

Metallhandwerksmuseum, Veronika Jung,
Steinberg-Hallenberg

Industrie- und Handelskammer
Wuppertal – Solingen – Remscheid,
Dr. Reinhold Exo, Uwe Mensch und Klaus Strackbein,
Wuppertal – Solingen – Remscheid

Archäologischer Park Xanten,
Dr. Hans-Joachim Schalles,
Xanten

Spenderinnen und Spender

1987 | Fritz und Peter Melzer GmbH & Co. KG
Remscheid

1989 | Heinr. Mummenhoff GmbH & Co. KG
Radevormwald

1990 | IHG Gleitlager GmbH & Co.
Heilbronn

Gesellschaft für Fertigungstechnik und Entwicklung Schmalkalden-Chemnitz, m.b.H.
Schmalkalden

Stadtmuseum Esslingen
Esslingen

Hermann Huster GmbH Co.
Hagen

A. Hitzbleck Söhne GmbH
Heiligenhaus

EMIL LUX GmbH & Co. KG
Wermelskirchen

Grass & Schellenberg GmbH
Remscheid

Eisen- und Stahlwalzwerke Rötzel GmbH
Nettetal

Museum Schloss Wilhelmsburg
Schmalkalden

1992 | Carl Aug. PICARD GmbH & Co. KG
Remscheid

JOH. FRIEDRICH OHLER GmbH & Co.
Remscheid

KNIPEX-WERK
C. Gustav Putsch
Wuppertal

Joh. Wilh. Arntz
Sägetechnik
Remscheid

Bescherungsverein „Hastener Hof" e.V.
Remscheid

VBW Vereinigte Beckersche
Werkzeugfabriken GmbH & Co. KG
Remscheid

Wesf. Industriemuseum
Dortmund

Hans-Jürgen Bongartz
Remscheid

Scharwächter GmbH + Co. KG
Remscheid

Fachverband Werkzeugindustrie e.V.
Remscheid

Eugen-Moog-Stiftung

Forschungsgemeinschaft Werkzeug und
Werkstoffe e.V. (FGW)
Remscheid

RICHARD FELDE GmbH & Co. KG
Remscheid

HAZET Hermann Zerver GmbH & Co. KG
Remscheid

Gustav Klauke GmbH + Co.
Remscheid

IKS Klingelnberg GmbH
Remscheid

Mannesmann AG
Düsseldorf

MHP Mannesmann Hoesch Präzisrohr GmbH
Remscheid

Wilhelm Marten
Hagen

Monhof GmbH
Remscheid

Karl-Heinz Zenses
Remscheid

Wilhelm Schlechtriem Werkzeugfabrik
Remscheid

Spenderinnen und Spender

1992

Edelhoff & Reska, Architekten
Remscheid

C. A. Rottsieper
Remscheid

Dipl.-Ing. Friedrich Toussaint
Velbert-Neviges

SANDVIK Belzer GmbH
Wuppertal

Spiess GmbH
Remscheid

Friedhelm Schlechtriem
Remscheid

H. O. Schumacher + Sohn
Präzisions- Maschinenwerkzeuge
Remscheid

Stadtsparkasse Remscheid

Jubiläumsstiftung der Stadtsparkasse Remscheid

Wenesit
Werner Neumann oHG
Remscheid

1993

GEDORE Werkzeugfabrik
Otto Dowidat
Remscheid

Commerzbank AG.
Remscheid

Robert Wolff
Engeln

David Dorfmüller Söhne
Remscheid

Schmidt + Clemens GmbH +Co.
Lindlar

1994

Hermann Wegerhoff
Alarm-Werkzeugfabrik GmbH & Co.
Remscheid

August Dohrmann GmbH
Remscheid

IHK Wuppertal – Solingen – Remscheid
Geschäftsstelle Remscheid
Geschäftsstelle Wuppertal

Heinz Schumacher
Remscheid

1995

Stadtarchiv Esslingen
Esslingen

Wendelin Enste GmbH
Monheim-Baumberg

C. & E. Fein GmbH & Co.
Stuttgart

Fachgemeinschaft Präzisionswerkzeuge
(DPV) im VDMA
Frankfurt/M.

Fachverband Elektrowerkzeuge ZVEI
Frankfurt/M.

G. R. Zimmermann
Wermelskirchen

Friedr. Aug. Arntz „FLOTT" GmbH + Co.
Remscheid

Industrie- und Handelskammer,
Region Stuttgart,
Bezirkskammer Esslingen
Esslingen

Friedr. Lohmann GmbH
Witten-Herbede

HEYCO-WERK
Heynen GmbH & Co. KG
Remscheid

EDMUND DRÖGEMEYER
PRÄZISIONSWERKZEUGE GmbH + Co.
Remscheid

MHG Messerschmidt GmbH
Schmalkalden

JEL Präzisionswerkzeuge
Joh. + Ernst Link GmbH & Co. KG
Stuttgart

WIKUS Sägenfabrik
Wilh. H. Kullmann
Spangenberg

Erwin Halder KG
Laupheim

Herwig Bohrtechnik Schmalkalden GmbH
Schmalkalden

INDEX-Werke GmbH & Co. KG
Esslingen

ISCAR Hartmetall GmbH
Ettlingen

Maschinenfabrik Lorenz GmbH
Ettlingen

Jäkel + Schneider GmbH
Essen

P. Hermann Jung KG
Werkzeugfabrik
Wuppertal

KOMET Präzisionswerkzeuge
Robert Breuning GmbH
Weil am Rhein

König-mtm GmbH
Wertheim

WERKÖ – Werkzeugfabrik GmbH
Königsee

Kress-elektrik GmbH + Co.
Elektromotorenfabrik
Bisingen

GEBR. LENNARTZ GMBH & Co. KG
Zerspanungswerkzeuge
Remscheid

Locher GmbH
Pforzheim

August Löher GmbH & Co.
Remscheid

Mahr GmbH Esslingen
Esslingen

Metabowerke GmbH & Co.
Nürtingen

MWS Schneidewerkzeuge GmbH
Schmalkalden

STAHLWILLE
Eduard Wille
Wuppertal

Hermann Zeh Werkzeugfabrik
Ebersbach

Robert Schröder Werkzeugfabrik
Wuppertal

Ernst Winter & Sohn
Diamantwerkzeuge GmbH & Co.
Norderstedt

Landesmuseum für
Technik und Arbeit
Mannheim

Steinel-Normalien GmbH
Villingen-Schwenningen

EUGEN NIEDERBERGER
GMBH & Co. KG
Geislingen/Stg.

Gebrüder Saacke GmbH & Co.
Pforzheim

Ochel GmbH
Präzisions-Werkzeug-Fabrik
Iserlohn

Wilh. Schmitt & Comp.
„KIRSCHEN" WERKZEUGE
Remscheid

Ortlieb GmbH
PRÄZISIONS-SPANNZEUGE
Esslingen

Ott + Heugel GmbH
Ötisheim

REGO-FIX GmbH Präzisionswerkzeuge
Lörrach

Rennsteig Werkzeug GmbH
Altersbach

Löhe Werkzeuge Maschinen GmbH
Berg. Gladbach

1996

Spenderinnen und Spender

1996

BIAX-WERKZEUGE GmbH + Co.
Maulbronn

Wilhelm Blessing Spannzeuge
Ostfildern (Nellingen)

Buschmann Spannwerkzeuge
GmbH & Co. KG
Velbert

Josua Corts Sohn
Remscheid

Desoutter GmbH
Maintal

Diamant Boart Deutschland GmbH
Haan

Friedr. Dick GmbH
Esslingen

Feinmechanik
Michael Deckel GmbH & Co. KG
Weilheim

Karl Diederichs, Stahlhammerwerk
Remscheid

Dormer Tools GmbH
Erkrath

G. Drauz GmbH
Heilbronn

E. C. Emmerich Werkzeugfabrik
Remscheid

FAMAG-Werkzeugfabrik
Friedr. Aug. Mühlhoff
Remscheid

Flowdrill Fließformwerkzeuge GmbH
Fürth/Odw.

FREUND
P. F. Freund & Cie. GmbH
Wuppertal

Gottlieb Gühring KG
Albstadt

Hainbuch GmbH
Spannende Technik
Marbach

G. Hartner GmbH & Co. KG
Albstadt-Ebingen

ROBERT BOSCH. GmbH
Leinfelden-Echterdingen

Hermann Bilz GmbH & Co.
Esslingen

Lehren- und Meßgerätewerk
Schmalkalden GmbH
Schmalkalden

Ackermann u. Schmitt
GmbH + Co. KG
Steinheim/Murr

Josef Haunstetter
Inhaber Martin Voit
Sägenfabrik Augsburg

MAPAL – Fabrik für Präzisionswerkzeuge
Dr. Kress KG
Aalen

ALBERG-Remscheid
Alfred Berghaus GmbH & Co.
Remscheid

JOSEF ALBRECHT
BOHRFUTTERFABRIK GMBH & CO.
Wernau

ATHLET
HUGO WIERWILLE
Remscheid

Atlas Copco Tools GmbH
Essen

ATOMIT-DURAWID-GmbH
Werkzeugfabrik
Plettenberg

August Beck GmbH & Co.
Präzisionswerkzeugfabrik
Winterlingen

BENZ GmbH
Werkzeug- und Maschinenbau KG
Haslach

Bergbauwerkzeuge
Schmalkalden GmbH
Schmalkalden

Bessey & Sohn GmbH & Co.
Bietigheim-Bissingen

WIMUTEC Werkzeuge und Geräte
Remscheid

RUMAG Roth & Müller GmbH
Esslingen

SANDVIK Kosta GmbH
Schmalkalden

SANDVIK Coromant
Düsseldorf

Carl Sülberg GmbH & Co.
Remscheid

Makita Werkzeug GmbH
Duisburg

Gustav Wurm GmbH
Remscheid

SCHULER PRESSEN GmbH & Co.
Göppingen

Bürger • Albrecht • Partner
Corporate Design
Wuppertal

August Rüggeberg GmbH & Co.
PFERD-Werkzeuge
Marienheide

WITTE Werkzeuge
Stephan Witte GmbH & Co. KG
Hagen

Maschinenfabrik
OTTO BAIER GMBH
Asperg

Schumacher GmbH u. Co. KG
Gewindeschneidtechnik
Remscheid

carolus Schraubwerkzeug-Systeme
Remscheid

EWS Werkzeugfabrik
Weigele GmbH & Co KG
Uhingen

P. Horn GmbH
Hartmetall-Werkzeugfabrik
Tübingen

Ed. Engels Söhne GmbH & Co.
EDESSÖ-Werk
Remscheid

Schneider & Klein Metallwaren GmbH & Co. KG
Landscheid/Eifel

Traub Drehmaschinen GmbH
Reichenbach/Fils

WALTER Informationssysteme GmbH
Tübingen

Eduard Wille GmbH & Co. KG
Wuppertal

Wilh. Becker oHG.
„Hahnreiter" PRÄZISION
Remscheid

CDU Remscheid-Hasten

ELORA-WERKZEUGFABRIK GMBH
Remscheid

August Löher GmbH & Co.
Remscheid

Mafell-Maschinenfabrik Rudolf Mey GmbH & Co. KG
Oberndorf a. N.

FLACHGLAS AG
Gelsenkirchen

SALTUS-Werk Max Forst GmbH
Solingen

SOLIDA-WERK Werkzeugtechnik GmbH + Co. KG
Remscheid

Michael Sterz
Wermelskirchen

HAHN & KOLB WERKZEUGE GmbH
Stuttgart

WIHA-Werkzeuge Willi Hahn GmbH
Schonach

Beyer GmbH
Pelzgerberei
Essen

1996

1997

1998

1999

Bescherungsverein Hastener Hof e.V.,
Remscheid

ROBERT BOSCH GmbH,
Leinfelden-Echterdingen

Willmar Buschhorn,
Remscheid

EMIL LUX GmbH & CO. KG
Wermelskirchen

Eugen-Moog-Stiftung,
Remscheid

Hans Funke,
Remscheid

Alfons Görtz,
Remscheid

HAHN & KOLB WERKZEUGE GmbH,
Stuttgart

HAZET Hermann Zerver GmbH + Co.KG,
Remscheid

Hennrich + Partner Architektenbüro,
Remscheid

Hannelore Hungerberg,
Remscheid

Fritz Ibach Werkzeugfabrik,
Remscheid

R. Itter,
Wuppertal

Carl Kämmerling GmbH + Co.,
Wuppertal

Gustav Klauke GmbH + Co.,
Remscheid

Hans Kühn,
Remscheid

Wolfgang Müller,
Hattingen

Theodor Nothnagel ELEKTRONIK WERKZEUGE,
Steinbach - Hallenberg / Thür.

G. Reinoldt,
Remscheid

Dieter Reuß,
Remscheid

Ch. Scherkenbach,
Remscheid

Ursel Schulz,
Remscheid

Walter Skusa,
Remscheid

Technologie- Fabrik Remscheid GmbH,
Remscheid

Wera Werk Hermann Werner GmbH + Co.,
Wuppertal

Anneliese Wilhelms,
Remscheid

Hanne Wirbatz,
Remscheid

Karl Diedreichs
Remscheid

August Dohrmann GmbH
Bauunternehmung

Sandvik Belzer GmbH
Wuppertal

Stadtwerke Remscheid GmbH

Trotz größter Sorgfalt kann es bei der so erfreulich großen Anzahl der Spender sein, daß eine Spenderin / ein Spender versehentlich hier nicht genannt wurde.

Das Museum holt dies selbstverständlich gerne nach. Wenn Sie als Spenderin/Spender also fehlen:

Seien Sie nicht nachtragend, sondern informieren Sie uns. Wir tragen Sie dann nach: ins Spendenbuch.

Das Team des Deutschen Werkzeugmuseums/ Historisches Zentrum